JN024080

スタンフォード経営大学院教授の
「感情が動く数字」の作り方

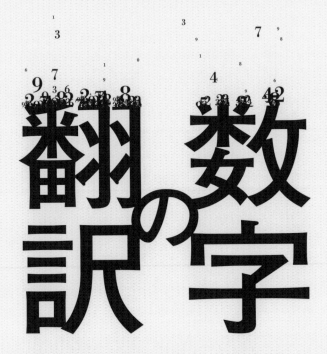

翻訳の数字

Making Numbers Count
The Art and Science of Communicating Numbers

著 チップ・ヒース カーラ・スター

訳 櫻井祐子

MAKING NUMBERS COUNT

The Art and Science of Communicating Numbers

by CHIP HEATH and KARLA STARR

Copyright © 2022 by Chip Heath

Japanese translation rights arranged with United Talent Agency, LLC, New York
through Tuttle-Mori Agency, Inc., Tokyo

## 数字は「翻訳」しないと伝わらない

僕たち、ビジネススクール教授のチップ・ヒースとサイエンスライターのカーラ・スターは、子ども時代に同じすばらしい本を読んだおかげで、数字が大好きになった。

その本とは『ギネス世界記録』。いわゆるギネスブックだ。植木鉢ほど大きくて4倍は重いその本は、よくある「免責事項」のような細かい字で書かれていて、驚くような事実や物語、そして何より数字がぎっしり詰まっていた。

- 世界一重いカボチャ —— 1190kg
- 世界最速の動物 —— 時速389kmのハヤブサ
- 息継ぎなし水中前回りの世界記録 —— カリフォルニア州ロサンゼルス在住ランス・デイヴィスの36回

こういった、信じられないほど多様で魅惑的な数字に触れたことをきっかけに、僕らは生涯にわたって数字に親しむようになった。

仕事の世界は数字であふれている。アスリートから気候科学者、マーケティング担当者まで、どんな人も数字を使って仕事の成果を計測し、自説を主張し、人を動かそうとする。

それなのに、「自分は人より数字に弱い」と思っている人がとても多い。「学校で数学をサボったから」「親譲りだから」などと言って、数字がますます多用されるこの世界で、数字を理解し利用する能力に引け目を感じている。

でも実は、数字を本当の意味で理解している人はいない。

一人もいない。

**それは、人間の持って生まれた性質のせいだ。**

人間の脳は、小さい数字を処理するように進化した。1、2、3、なんなら4や5まではパッと見ただけで認識できる。子ども向けの数の絵本を読めばすぐわかる。3匹の金魚の絵を見たら、脳は数えるまでもなく「3！」と叫ぶ。これは、人間が数字体系を発明するはるか前に脳が開発した「瞬間的認識」と呼ばれるプロセスだ※（原注①）。

実際、古今東西のほぼすべての言語に「1、2、3、4、5」の数字がある。だが多くの文化では、それより大きな数字に名前がなく、6、7から億兆までの数字をひっくるめて「たくさん」と呼んでいる※（原注②）。5を超える数字がない文化でコミュニケーションを取るのがどんなに大変か、ちょっと想像してみよう。

## シチュエーション その1

「今日は全員分のタマゴが手に入ったかい？」

「うーん、タマゴはたくさんあるよ。でも、人もたくさんいるから、食べるときにならないとわからないなあ」

## シチュエーション その2

「羽根のネックレスと引き換えに、ピスタチオをたくさんくれるって言ったじゃない」

「たくさんあげただろ？」

「うーん、もっとずっとたくさんほしかったのよね」（原注③）

このようにイライラするだけならまだしも、数字がないせいで重要な計画を説明できない場合は、とても困ったことになる。

## シチュエーション その3

「だから言ったのに、砂漠の向こうまではとても遠くて何日もかかるから、たくさん水を持ってこなきゃダメだって」

※巻末157ページからの膨大な原注に、学術研究や事実の出典と詳しい計算を示した。
※たとえばこういう箇所で「これは何だ？」と疑問に思ったら原注を参照してほしい。

「たくさん持ってきたじゃないか」
「これじゃ足りないんだよ！　オアシスにたどり着く前にのどが渇いて死ぬ確率はどれくらいだと思う？」
「うーん……すごく高いだろうなあ」

　そんなわけで、数を扱うための新しい方法の発明は、人類にとって大きな進歩だった。最初はものを数える方法、たとえば石に刻み目を入れる、ひもに結び目をつくる、棒を並べるなどの方法が編み出され、次に455や455,000などの「数字」、それから「数学」が発明された（原注④）。

　だが、数字を扱うための文化的基盤が発達しても、人間の脳は生物学的には何も変わっていない。実際、私たちは高校や大学を卒業するまで数字や数学の訓練を受け続けるというのに、数字という先端ハイテクプログラムを動かしているのは、脳という昔ながらのハードウェアなのだ。万、億、兆、京……のそれぞれの数字はまったく違う現実を説明している。それなのに人間の脳は、1、2、3、4、5を超える数字を、「たくさん」とひとくくりにするようにできている。

　たとえば「100万（ミリオン）」と「10億（ビリオン）」の違いを理解するために、こんな思考実験をしてみよう。

　あなたと友人は、それぞれ高額賞金の宝くじを買った。この宝くじはちょっと変わっていて、当選したら賞金を毎日5万ドルずつ使わなくてはいけない。あなたは100万ドル、友人は10億ドルの賞金をめでたく当てた。さて、賞金を使い果たすまでに何日かかるだろう？

　ミリオネアのあなたが散財できる期間は意外と短い。たった20日で破産する。11月末の感謝祭の日に当選したとしても、クリスマスの1週間以上前にお金が尽きてしまう。

　一方、ビリオネアの友人の賞金は、もっとずっと長続きする。1日5万ドル使う生活を55年も続けることができる（原注⑤）。言い換え

ると、ほぼ2世代にわたって、大統領の任期で言えばほぼ14期の間、散財を続けられるのだ。

　10億、つまり1,000,000,000はただの数字でしかない。活字で書かれているとなんだかわかったような気になるが、実際にはゼロの羅列を見ていると頭がボーッとして、ただの「たくさん」にしか見えなくなってしまう。だからこういった具体例で、10億が100万よりこれほどまでに大きいことを知ると、びっくりする。

　「友人は毎日5万ドルずつ、55年間も散財し続けられる」と想像することには、どんな効果があっただろう？　10億という莫大な数が腑に落ちただけでなく、ただ「うらやましい」で済んでいたものが、とても生々しくリアルな金額に感じられ、友人のすねを蹴っ飛ばしたくなったかもしれない。数字に命を吹き込むのは、こういう鮮やかなイメージなのだ。

　僕たちがこの本を書こうと思ったきっかけは、単純な気づきだった。**人間の直感に訴えるような経験に「翻訳」しない限り、数字は頭から抜け落ちてしまう。**正しい意思決定を下すために、苦労して正確な数字を導き出しても、その数字が頭から抜け落ちてしまったら元も子もない。数字を愛する僕たちにとって、これは悲劇だ。

　貧困を終わらせる、病気を根絶する、宇宙の大きさを伝える、人生にはあと何回恋愛のチャンスがあるよと失恋した若者を慰める。そういった、世界で最も有意義な仕事が、数字を翻訳しなかったせいで失敗することがとても多いのだ。

　僕たちは当然、世の中には数字の「翻訳」の方法を教える本があるだろうと思った。しかし、ないのだ。僕らは必死で探し回った。グラフの説得力を高める方法や、複雑な数字をわかりやすく伝える情報画像を作成するコツを教える本はたくさんある。なのに数字を「腹落ち」させる、つまり**数字を直感的かつ正確に伝えるための基本的なプロセスを教えるガイドブックや手引きは、ただの1冊もない**のだ。

　このプロセスを理解していないと、数字を恐れるようになる。ややこしい数字が出てくると、大半の人は「私はデザイナーだから」「僕は教師だから」「私は弁護士だから、数字はからきしダメで……」などといった文句を、吸血鬼を追い払う呪文のようにつぶやき、残りの数字に強い人は「数字だらけですみません」などと謝りながら、そそくさと発表を終わらせ、それから自分の世界にこもって人目を気にせず心ゆくまで数字いじりにふけるのだ。

　でも、僕たちの見るところ、数字に強い人と弱い人はそんなに変わらない。**数字を翻訳する方法を変えるだけで、「自分は数字に強い」と思う人が増える**はずだ。

　実際、つべこべ言ってはいられない。この世界はどこに行っても数字にあふれている。経済だけじゃない、スケジュールから時刻表、家計管理までの何もかもが、数字なしには成り立たない。数字が絡む意思決定を人任せにすることはできても、そうした決定の影響から逃れることはできない。だから、誰かにわからない数字を示されたら、わかるように「翻訳」してほしいと頼まなくてはいけない。

　数字の翻訳は、楽しい。なにしろギネスブックは教科書としてではなく、パブでの議論に決着をつけるためにつくられた本だ（原注⑥）。それを発行しているのは、スプーンが立つほど濃いビールをつくる会社、ギネスなのだから。

　本題に入る。まずは数字の「うまい翻訳」と「まずい翻訳」を見てみよう。次の、非常にショッキングなデータを見てほしい。

　アメリカ政府は子どもに1日5単位以上の野菜や果物の摂取を促す、「ファイブ・ア・デイ」キャンペーンを展開しています。これに対し、マクドナルド1社だけで、このキャンペーンの350倍もの広告宣伝費を投入しています（原注⑦）。
　　［1単位：加熱済みの野菜半カップ、または生野菜・果物1カップ］

これを読むと、ファストフードの広告宣伝費のほうがケタ違いに多いことがわかる。だが、パッと読んでわかるのはそれだけ。つまり、単に「とても多い」ということだけだ。

ファストフード会社が巨額の広告予算を持っていることと、ヘルシーな食事を促す政府のキャンペーンよりもずっと多い金額を広告宣伝に投じていることはわかるが、20倍や143倍、350倍多いからなんだというのだろう？

数字が大きくなればなるほど、人は数字に鈍感になる。これは心理学者が「**心理的麻痺**」と呼ぶ現象だ（原注⑧）。数直線上を10から20まで進むと数が増えたように感じるが、340から350まで進むときは、同じ数だけ増えたはずなのに、全然増えたように感じない。これが「麻痺」である。

本書のねらいの1つは、こうした麻痺を乗り越えやすくするテクニックを教えることにある。

文章や文節を、ある言語から別の言語に翻訳する方法は、数限りなくある。意味がよりわかりやすい翻訳もあれば、より正確に伝えるものや、より美しく伝えるものもある。同じことが数字の翻訳についても言える。

いま挙げた数字を翻訳した、2つの例を比べてみよう。

■ 翻訳A
マクドナルド1社だけで、このキャンペーンの350倍もの広告宣伝費を投入しています。

↓

■ 翻訳B
子どもはマクドナルドのCMを5時間50分見る間に、「ファイブ・ア・デイ」キャンペーンのCMを1分しか見ません。

翻訳Bのほうがベターだ。ただ広告宣伝費が多いというだけでなく、それが子どもに関わることとなれば、心に響く。また、この例では「予算金額」を「時間」に変換した。「350」を時間と分に分解して表したことで、より具体的で、より重大な話のように感じられる。

だが、翻訳Bはさらによくすることができる。「5時間50分」は一続きの長い時間だが、子どもはそんなふうにCMを見るわけではない。CMは一度にまとめて何時間も見るものではなく、番組の合間に短いものを何度も見る。

以下の翻訳Cは、その現実を取り入れたものだ。

■ 翻訳A
マクドナルド1社だけで、このキャンペーンの350倍もの広告宣伝費を投入しています。

■ 翻訳C
子どもがマクドナルドのCMを1日1回見るとすると、「ファイブ・ア・デイ」キャンペーンのCMを見るのはほぼ1年に1回です。

**暦の時間は、ただの数字よりも心に響きやすい。**1日や1年の長さは、誰もが肌感覚で知っている。小さい子でも、誕生日パーティーから来年の誕生日パーティーまでの時間が「すごーく長い」ことを知っている。だから暦の時間に変換すれば、胸にストンと落ちる数字で表すことができる。「私は暦に強くないから」なんて言う人は誰もいない。

ちなみに、本書には上記のようなボックスに入った比較表がたくさん登場する。ボックスにはたいてい2つ、ときには3つの「数字の翻訳例」が示されている。1つは、よくある方法で数字を表したもの。もう1つは、数字をよりわかりやすく、相手に優しい方法で示すテクニックを利用したものだ。僕らが推奨する例はたいてい、下の、背景

が塗りつぶされたほうだ。

## 本書を活用する方法

　数字を効果的に示すためのアイデアやひらめきがほしい人は、翻訳
例だけをざっと拾い読みしてもいい。テクニックの実例を読むだけで
もコツがつかめるはずだ。まずはページをパラパラめくって、色が塗
られたところを読んでみてほしい。

　さっきのマクドナルドの翻訳例には、本書でくり返し説明するテク
ニックが盛り込まれている。人間の脳は「112倍」や「100万」のよ
うな数字を簡単に処理できるようにはできていない。だから、日頃か
らよく理解しているものごとに当てはめるといい。すると、そのまま
では理解しにくい数字が直感的に把握しやすくなる。たとえば「112」
を時間に変換したり（＝1時間52分）、暦に変換したり（＝ほぼ4カ月
間毎日）するといった方法だ。

　僕らはこういったテクニックを長年研究した結果、**どんなにとっつ
きにくく思える数字にも、覚えやすく、相手にやさしく、議論しやす
いかたちに変換するための手段がある**ことを知った。

　さっきのマクドナルドの例は、本書で説明する30を超えるテクニッ
クの1つ、第3章の「数字を『展開するプロセス』に変換して『麻痺』
を防ぐ」のセクションから引っ張ってきた。各章でこうした簡単なテ
クニックを紹介し、ビジネスや科学、スポーツなどの分野の例を、1
つか2つのテクニックを使って変換していこう。

　本書は、とくに初心者には数字の翻訳の参考書になるし、重要な数
字を翻訳しようとして行き詰まったときのアイデアブックとしても使
える。

　さて、これらのテクニックはどこから生まれたのだろうか。僕、チッ
プ・ヒースはここ15年間、ビジネススクールで主にMBA生や、とき

には医師や芸術家、海軍司令官、科学者などを相手に、「アイデアを記憶に焼きつける」という授業を行っている。

この授業では、「数字はなるべく使わないように」と教えてきた。ところが、あるとき異議を唱える学生が現れた。「僕は投資銀行に勤めていて、何事にも数字が関わってきます。数字を使わないという選択肢はないんです」と言うのだ。そこで、その年は「数字を記憶に焼きつける」という補講を行った。

初回の授業では、試行錯誤の「錯誤」の部分を行った。学生に生のデータを与えて、1時間かけてわかりやすく翻訳する方法を考えてもらった。その結果は……イマイチだった。いや、正直に言ってひどい出来だったのだ。分析力に優れるMBA生は、数字をわかりやすく翻訳するどころか、あまり関係のない分野の複雑なたとえを使って説明することが多く、そのせいで数字が余計わかりにくくなったり、言いたいことがうまく伝わらなくなったりした。

僕は授業を工夫し続けた。うまく指導すれば、学生が数字のコミュニケーションの基本原則を自力で考え出すだろうと信じていた。なにしろMBA生やエンジニアは数字を扱い慣れている。僕自身も、数字を記憶に焼きつけるアイデアをいくつか持っていたが、それを先に教えてしまうと学生の創造性を邪魔してしまうような気がしていた。

だがしまいには、学生に自力でやり方を考えさせるのはあきらめた。代わりに、まず僕の基本原則を説明してから、エクササイズをやってもらうことにした。するとたちまち変化が現れた。学生は原則をただ理解するだけでなく、それをもとにもっとすばらしい応用例を次々と考え出したのだ。

数字のコミュニケーションの基本原則はどれも単純だが、「あたりまえ」ではない──いったん理解してしまえば、何でもないように思えるにしても。自力で発見するのは難しいが、覚えにくくはない。コツは、基本原則があることを知り、それを何度も使って練習することだ。

その学期の授業はとても楽しいものになった。誰かがうまい翻訳を発表するたび、クラス中が「おおおおお！」と沸き立った。後で紹介するが、あるグループが発表した数字の翻訳例に拍手喝采が巻き起こったことさえあった。

その後、僕らは本書を執筆するために、授業で取り上げたよりもずっと幅広い分野から例を探した。心理学や人類学、社会学などの社会科学の文献を調べ、人間の数字能力の発達に関する本や論文を読みあさった。人類学の文献をあたって、古今東西の文化で数字がどのように使用されてきたかを学んだ。歴史から科学、報道記事までのあらゆる文献を検索して、数字を記憶に焼きつけるテクニックを探した。

それらをもとに編み出した本書の基本原則は、MBA生やエンジニア、ニューヨーク市民など、地球上で最も疑ぐり深く分析好きな人々によって試され、効果が証明されている。**算数の基本がわかっていれば誰でも使えるし、中学生にも役立つ**ことが証明済みだ。

本書は、数字や数学を扱う能力のあるなしにかかわらず、誰にでも役立ててもらえるようになっている。昔ながらの単純な電卓でできないような計算は出てこないから、安心してほしい。

**数字は翻訳できるし、翻訳すべき**だ。そのことを示そうとしたのは、残念ながら本書が初めてかもしれない。ちょっと考えてほしい。学校では整数やら因数分解やらを詰め込まれたのに、「数字をどうやって伝えるか」を教わったことは一度もないはずだ。でも、仕事ではどちらのスキルのほうが大切だろう？

そして本書の原則は「数字に弱い」と思っている人だけでなく、幼い頃からギネスブックを愛読し、趣味で算数の特別授業を受ける、僕らのような「数字に強い」希少人種にも役立つはずだ。専門家は専門知識に慣れているから、自分が知っていることは他人も当然知っているものと思い込み、それを理解するのがどんなに難しいかを忘れてしまう。

　これは「知識の呪縛」と呼ばれる現象で、あらゆるコミュニケーションを阻害する厄介な問題だ（原注⑨）。専門家は自分のよく知っていることを他人に伝えようとするとき——たとえば音楽家がよく知っている曲のリズムを指で刻んだり、統計家が衝撃的なグラフを発表したり、犬が自分の大好きなにおいを飼い主に知らせたりするとき——自分の頭の中の世界を相手も当然理解しているものと決めてかかる。

　それにひきかえ本書で紹介する手法は、人間の自然な直感に訴える。だから知識の呪縛にとらわれた専門家も、こうしたテクニックを使えば、知識をわかりやすくシェアして多くの人に役立ててもらうことができるだろう。

　**数字や数学は、人間の知性が直感的に理解できない真実を明らかにする、貴重な能力**だ。その能力と本書のテクニックを組み合わせることで、漠然としたなじみの薄いものごとを、目で見て肌で感じられるような鮮やかなかたちで示すことができるなら、それは「超」能力になる。スーパーマンが壁を透視するように、あなたも壁を透明に変えて、向こう側にあるものをみんなに見せてあげることができる。

　そして専門家でない人は、こう考えてほしい。本書で紹介する簡単な翻訳テクニックは、柔道や柔術と同じで、**数字に強い人と対等に渡り合うためのスキル**なのだと。たとえば、「具体的に言うとどういうこと？」「従業員1人1日あたりに直すといくら？」「この長方形が予算全体だとすると、あの支出はどれくらいにあたる？」など、議論の相手にわかりやすい翻訳を要求する方法を知っていれば、相手の言うことをしっかり理解して、互角に議論することができる。相手はあなたを数字責めにできなくなる。そして、数字に強い人は議論できる相手が見つかったと喜び、クールに見えるあなたが数字に強いと知って感心するだろう。

　この能力が役に立たない、なんて言う人は1人もいないだろう。新

製品の消費者テストの予算を要求する部長から、宇宙の 2 地点間の距離を伝えようとする科学者、キャンペーンの効果を発表する広報部員、トレーニングを毎日数分増やすメリットを説くコーチまで、どんな人にも役立つはずだ。最近では、直感的にわかりにくい数字が使われることがますます増えている。数字は、研究開発からカスタマーサービスまでビジネスのあらゆる分野で使われ、科学からスポーツ、政府まで人間のほとんどの営みの中心にある。

　そんな世界では、数字で人を動かす能力が成否を分けるのだ。

# 目次

CONTENTS

# 1章

## すべての数字を翻訳しよう
## 相手にやさしい
## 数字を使おう

# 2 章

# なじみやすく具体的な「人間のスケール」に変換しよう

# 感情的な数字で人々の考え方や行動を変えよう

# 4 章 BUILD A SCALE MODEL

## 縮尺モデルをつくろう

※本書は、日本人にもわかりやすい例を交えて翻訳しています。
　文中の〔　〕は訳者注を表しています。

# すべての数字を
# 翻訳しよう
# 相手にやさしい
# 数字を使おう

TRANSLATE
EVERYTHING,
FAVOR USER-
FRIENDLY NUMBERS

# すべての数字を「翻訳」する

　あなたの数字の伝え方が適切かどうかは、簡単なテストで調べられる。あなたが書いた手紙や文書、パワーポイントの資料に目を通して、その中の数字をすべて丸で囲み、それらの前後に**「数字を翻訳した語句」**があるかどうかを調べてみよう（原注①）。

　たとえばこんな語句だ。

・「わかりやすく言うと…」
・「言い換えると…」
・「どういうことかというと…」
・「こう考えてみましょう…」
・「要するに…」
・「たとえるなら…」

　こういった語句があれば、あなたの数字は議論に役立っている可能性が高い。ない場合は、数字を「外国語」のまま放置していることになる。それは誰かにいきなり英語でこう言われるようなものだ。"It's rude to make people feel they're being excluded from a conversation."※

　**数字は人間の母国語ではない**。アメリカでも、日本でも、世界中どこでもそうだ。データベースに入れるならそのままの数字でいいが、議論やプレゼンテーションで数字を使う場合は、どんなときも必ず、人間の理解できる言葉に翻訳しなくてはならない。

　そう固く信じるマイクロソフトリサーチの２人の科学者、ジェイク・ホフマンとダン・ゴールドスタインは、「パースペクティブエンジン」（原注②）というプロジェクトを10年近くの間指揮している。プロジェクトの目的はただ１つ、「数字を人間に理解しやすくするた

※この英文の翻訳はまだかと思っている人へ。このあとで翻訳するが、それを待っている
　いま、どんな気持ちがするか意識してみよう。

めのツールを開発すること」だ。

　マイクロソフトの検索エンジン、ビングは、1日数百万件もの検索に応答する。パースペクティブエンジンのチームは、ビングの数に関する検索結果に単純な「視点を変える語句」を加えれば、検索結果がよりわかりやすく、記憶に残りやすくなるのではないかと考えた。

　そこで簡単な実験をやってみた。たとえば、ただ「パキスタンの面積は79.6万㎢です」という検索結果を返すだけでなく、「これはカリフォルニア州〔日本〕の約2倍です」（原注③）などの、単純な「視点を変える語句」を追加した。それから、数分から数週間までの期間を置いて、検索者が検索結果の情報をどれだけ覚えているかをテストしてみた。

　結果、視点を変える語句には、効果が高いものも、それほどでないものもあった。身近な州や国との単純な比較を示したときは、思い出す確率がより高かった。だが、どんな比較もないよりはましだった。**ちょっとわかりにくい比較でさえ、数字だけを示した場合よりも記憶に残りやすかった。**

　実際、視点を変える語句をたった1つ足しただけで、誤答率は半減した。もちろん、すべての記憶がどんぴしゃだったわけではなく、誤答は多かった。それでもまったくの的外れではなく、少なくともダーツ盤のどこかには当たっていたのだ。

　**翻訳を少し工夫しただけで、正答率が2倍になった**わけだ。これは目を見張るほどの効果だ。考えてもみてほしい。もし会社の業績発表会で投資家に主要な指標を覚えてもらう確率や、歴史の授業で生徒に重要な年号を覚えてもらう確率が2倍になるとしたらどうだろう？しかも、この方法は指をパチンと鳴らすように簡単にできるのだ！

　そして翻訳は情報の質を高めるだけでなく、人との絆を深めるのにも役に立つ。人は数字を理解できないとき、ただ数字が頭に残らないだけでなく、その数字を示した人との距離を感じる。それどころか、

のけ者にされたと感じ、その人を嫌いになってしまうことさえあるのだ（まさか数字の本に人間関係の話が載っているなんて予想外だっただろう？　高校でまじめに数学を勉強していれば、デートアプリに頼らずにすんだかもしれない）。

　まさに、"It's rude to make people feel they're being excluded from a conversation."、つまり「誰かに会話に入れないと感じさせることは失礼※」なのだ。さっきこの文章を翻訳せずに英文のままにしておいたとき、あなたもそう感じたかもしれない。高飛車なレストランや気取ったパーティー、あなたが欠席したイベントの話題で盛り上がる友人に感じるのと同じ気持ちだ。

　数字は誰にでも理解できてこそ楽しい。

　隣人にやさしくしよう。翻訳しよう。

※これは古い金言ではなく、ただの戒めというだけ。

## 数字を避ける
### 完璧な翻訳に数字はいらない

「なるべく数字を使わないようにしよう」

『数字の翻訳』という本がこんなことを勧めるなんて……と驚いたかもしれない。まるで料理本が「食べ物を使わないようにしよう」から始まるみたいだ。だが、数字の翻訳でめざすのはメッセージを伝えることであって、そのためには必ずしも数字を使う必要はない。たとえば長い海外旅行から帰ってきたとき、空港内の「手荷物引取所」「レストラン・カフェ」「出口」といった母国語の表示を見るとほっとするだろう？

でも、「数字がわたしの母国語です」なんていう人は一人もいない。数字はせいぜい、学校で学んだ第二言語にすぎない。だから、メッセージを自然な言葉で、数字を使わずに伝えられるなら、それに越したことはないのだ。

**数字の翻訳のコツは単純だ。数字の使用をなるべく避けよう。**数字がなくても意味がはっきり伝わるような、具体的で鮮やかで意味のあるメッセージに翻訳しよう。

次の例は、私、カーラ・スターが中学時代に理科の授業で教わった、自然環境に関する事実だ。この例は、地球には水があふれているのに、飲める水はごくわずかだということを伝えようとしている。数字が多い文例は次の通り。

地球上の水の97.5％が塩水です。淡水は残りのわずか2.5％で、しかもその99％が氷河や雪原に閉じ込められています。つまり、人間や動物が飲める水は、地球上の水全体のたった0.025％なのです。

このままでも説得力があるが、記憶に残りにくい。でもその翻訳版は、教わってから20年近く経った今もまだ覚えている。それは、この事実を単純で具体的な思考実験のかたちで示したものだ。

ここに2リットルの水の入ったペットボトルと、その横に角氷が2個あるとしましょう。地球上に存在する塩水がペットボトルの水だとすると、淡水は氷で、人間と動物が飲める水は氷から溶け出す水滴だけなのです（原注④）。

世界の深遠な真実が腑に落ちた（心から理解できた）時の喜びと、親や年上の人にそれを教えて驚かせた時の誇らしさは、今も忘れられない。

ここでちょっと手を止めて、この翻訳を考えた教師や科学者、ジャーナリストに拍手を送りたい。ごく単純で、複雑な数字を1つも使っていないのに、中学生のときにそれを読んだ私が大人になっても覚えているほど、心に響く翻訳なのだ。

「2リットルのペットボトル」というたとえを使えば、数字に強くない人でもパッと理解できる。元の文例では、パーセントや小数が出てきただけで慌てふためき、そこで読むのをやめてしまう人がいるかもしれない。

2リットルのペットボトルなら、ただ理解できるだけでなく、自信を持って誰かに説明できそうな気がする。「0.0025％だっけ、それとも0.25％だった？」「97.5％と99％のどっち？」なんて迷うこともない。2リットルのペットボトル、角氷、水滴。とてもシンプルだ。

数字に強い人は、この翻訳例を見て、美しい数字が失われてしまったと嘆くかもしれない。だが実は数字はまだそこにある。水面下に、覆いの下に隠れているだけだ。そして翻訳のおかげで、誰もがその美しさを愛でることができる。数字と人間の思考の仕組みを理解すれば、

何十年も記憶に残るような方法で、環境に関する重要な事実を示すことができるのだ。

もう1つ例を見てみよう。

> 太陽系最大の山である火星のオリンポス山は、底面積約30万㎢、標高約2万2000mです。

↓

> 太陽系最大の山である火星のオリンポス山は、底面積がアリゾナ州やイタリアの面積とほぼ同じ〔日本の5分の4〕です。標高はあまりにも高く、普通の大陸横断の飛行機が山の中腹にぶつかってしまうほどです(原注⑤)。

こういうものを説明する時は、同類との比較、たとえば「エベレスト山の2倍の高さ」などを使いたくなる。だがほとんどの人にとって、エベレストとはどんな存在だろう？ それは本で読むものだ。エベレストを直に見た人に会うことはめったにない（見た人は、会えばすぐわかる。その話を延々聞かされるから）。

それに比べれば、飛行機のフライトはなじみ深い。フィルターを通した空気のにおい、共通の肘掛けの取り合い、眼下に広がるミニチュアのような風景などがすぐ頭に浮かんでくる。そして、飛行高度と同じどころかその2倍もの高さの山に遭遇したら、どんなに驚くだろう。そのうえアリゾナ州やイタリアと同じ面積を占めているというのだから、本当に異次元の経験だ。この翻訳例を読めば、火星がどんなに異質な世界かがピンとくるはずだ。

地球に話を戻そう。ニューヨーク・タイムズ紙は、2018年の長い記事で、社会が「公平」とはほど遠い状況にあることを、政治、映画、報道などさまざまな分野のデータをもとに示した。ただし、数字を山ほど引用する代わりに、衝撃的な比較によって格差を巧みに浮き彫り

にしたのだ。

　記事を読んで1週間も経てば、女性CEOの正確な割合は思い出せなくなるだろう。だがこの翻訳例の単純な事実を覚えていれば、大体のところはわかる。20％よりは5％に近そうだ、と。具体的なファーストネームがジェームズだったかジョン、デイヴィッド、それともスティーヴだったかは覚えていなくても、「たった1つの名前の男性の数が、女性全体より多かったこと」は覚えている。そしてそのことに強い違和感をもつ。CEOの会合で、「女性の方はいますか？」と聞くより、「ジェームズさんという男性はいますか？」と聞くほうが多くの手が上がるなんておかしいぞ、と思うに違いない。

　**こういう例では、数字を出すとかえってメッセージが伝わりにくくなる**。「ジェームズ」と比較するのは名案だが、いったんその意外な事実を示したあとは、女性がアメリカの人口に占める割合が50.8％だとか、ジェームズが占める割合が1.682％だなどというデータまで持ち出すと、要点から注意がそれてしまう。

　最後に、人種間不平等に関する例を紹介しよう。ある実験で、2人の黒人男性と2人の白人男性の被験者が、地元紙の求人広告に載っていたいくつかの会社に履歴書を送付した。どの被験者も半数の履歴書に、「麻薬関連の重罪で有罪判決を受け、18カ月間服役した」と書き、残りの履歴書には犯罪歴はないと書いた。

書類選考を通過した確率は、犯罪歴のない白人が34％、黒人が14％だったのに対し、犯罪歴のある白人は17％、黒人は5％でした。

犯罪歴のない黒人の求職者よりも、重罪で服役した白人の求職者のほうが、面接に呼ばれる確率が高かったのです（原注⑦）。

　最初の文例は、「深刻な人種差別が現に存在する」という、あなたがおそらくすでに知っている事実を伝えている。犯罪歴のあるなしにかかわらず、白人の求職者は黒人よりずっと有利だった。

　だがこれらの数字を見て、下の翻訳例が示す現実に気づくまでにどれくらいかかるだろう？　ただ人種差別があるというだけでなく、犯罪歴のない黒人が前科のある白人よりもさらに不利な扱いを受けるほどなのだ。

　この比較を読めば、人種の壁がどんなに高いかが腑に落ちる。白人の読者は、自分が重罪犯並みの扱いを受けたらどんな気持ちになるだろうと想像する。そして、就職市場ではただ黒人というだけで白人の重罪犯よりひどい扱いを受けるという事実が、パンチのように効いてくる。

　この翻訳がなければ、相手にパンチを届けられない。これを読んでいる人はデータを斜め読みしただけで、最も重要なポイントを理解せずに先へ進んでしまうだろう。**重要なことを表すデータがあるときは、それ以外の数字は省いて、ズバリ要点を突こう**。ただ目で追うだけでなく、目で見て肌で感じられるような数字を使おう。

## ■■■「1」にフォーカスする

数字を理解してもらうための一番手っ取り早い方法は、相手にとってなじみ深い、単純なものの一部分に焦点を当てることだ。

全社員の中の1人。全住民の中の1人。全生徒の中の1人。1つの企業。1つの結婚。1つの教室。1つの取引。1つのゲーム。

経験全体の中の具体的な1部分にフォーカスするのもいい。数回の訪問のうちの1回。1年のうちの1日。四半期のうちの1カ月。

この簡単な設定で、要点をクリアにできる。

> レブロン・ジェームズはNBA（北米プロバスケットボール・リーグ）史上初の、通算3万5000得点を達成しました。

> レブロン・ジェームズはNBA入りしてからの18年間で、1試合平均27得点をマークしています（原注⑧）。

人はとかく「すごい」と思われるような、驚異的な数字を使いたがる。3万5000得点は膨大な数に思えるが、27はそうではない。少なくともパッと見では。

この思い込みを、僕らは「大きさ至上主義」と呼んでいる。**ついつい大きな数字を使いたくなるが、本当に必要なのは、相手が理解できる大きさの数だ。**「バスほど大きい」は、直感的に理解できる。バスは見たことがあるし、バスに轢かれたらぺちゃんこになることも知っている。それに比べて、「銀河のように大きい」はピンとこない。大きいのはたしかだが、銀河に直接触れた人はいないから実感が湧かない。

レブロン・ジェームズの例で言うと、普通の選手の通算得点がどれ

くらいなのかを、ほとんどの人は知らない。だが「1試合27得点」は、縦横無尽の大活躍だ。それが高校や大学時代の平均なら、バスケの達人だとわかる。同じことをNBAで18年間やり続けているときたら、とんでもない達人だとわかる。それを知るには、平均的な1試合を見るだけでいい。これが「1」の力だ。

アメリカの一般市民が所有する銃の総数は約4億丁です。

アメリカの人口は約3億3000万人。これに対し、アメリカで民間に出回っている銃は4億丁を超えます。…すべての男性、女性、子どもに1丁ずつ配っても、まだ7000万丁余る計算です（原注⑨）。

　銃愛好家の多い大国に銃が多いのは当然だ。上の例の「4億丁」はそう読める。アメリカには銃がたくさんあるんだな、と。だがこの「銃」を「銃を持つ人々」に変換すると、市民の武装レベルがどれだけ常軌を逸しているかが見えてくる。乳幼児一人ひとりが自分の銃を持っている様子が目に浮かぶ。ベビーベッドに立てかけた散弾銃。プリンセスの衣装と色をコーディネートした拳銃。全市民に1丁ずつ配り終えても、大規模な軍隊が装備できるだけの銃が余る。実際、アメリカの陸海空軍の現役兵全員に52丁ずつ配れるほどだ。

「4億丁」は抽象的だが、**1単位に縮めるとピンとくる**。1人1丁ずつ。バスケットボール1試合。レブロン・ジェームズの1試合平均得点や、アメリカ市民1人あたりの銃の数に直せば、「あり得ない！」という反応が返ってくるだろう。バスケットボール界のレジェンドについてはよい意味での「あり得ない！」だが、銃を背負った幼児については、恐ろしいという意味での「あり得ない！」だ。

　上記の例では、平均としての「1」にフォーカスした。だが「1」には平均のほかに、1つの典型的、代表的な例という意味もある。**人**

間の脳は、データよりも物語を処理しやすくできている。その性質を利用するのだ。

> バングラデシュでは、数百万人が1日数セントで暮らしています。彼らは銀行を利用できないので、お金が入り用になると、高利貸しから法外な（年率100％以上の）金利で借りるしかありません。

バングラデシュの経済学教授ムハマド・ユヌスは、ある村を訪ね、金貸しからお金を借りている住民を探しました。42人の村人が合計27ドル借りていました。ユヌスは教授としてもらっている給料を使って、その42人に高利貸しから借りているお金を融通することにしました。

美しい竹のイスをつくる女性は、1日分の材料を買うために、ユヌスから22セント借りました。高利貸しの法外な利子を払わずにすんだため、ユヌスに借金を返したあとの手取りが2セント増えました。増えた分を栄養や住まい、子どもたちの教育に充てることができました。ユヌスがお金を貸したすべての村人に同じことが起こりました。返済率は100％でした（原注⑩）。

「バングラデシュの貧困」と聞くと、途方もなく大きく複雑な問題に感じられる。それは全体として見れば気が滅入るような問題だが、「1」の力を借りて、大きな問題の小さく日常的な一部分にフォーカスすれば、状況を改善できる可能性を示すことができる。貧困の蔓延はなすすべもない問題に思えるが、この翻訳例は2つの簡単な物語を通して、対策の余地があることを示した。

　1つめの物語では、ユヌスという1人の個人が、ある村にお金を貸した。2つめの物語では、その貸付が与えた影響を、「1人の職人の生活の変化」という観点からたどった。

　1人の村人の例から、残りの41人の暮らしへの影響を推し量ることができる。またユヌスという1人の貸し手の例を通して、マイクロファイナンス（無担保少額融資）の影響力を理解できる。こうした少額の貸付を体系的に提供すれば、多くの家族の暮らしを実際に変えることができるかもしれない。彼らの暮らしの実態は、全体像からはけっして見えてこない。

> アメリカ連邦政府の債務残高は27兆ドルです。※
>
> ↓
>
> アメリカ連邦政府の債務残高は27兆ドル、国民1人あたり8万2000ドルです（原注⑪）。

　「1兆ドル」のお金を思い浮かべようとすると、脳が空回りする。だが1人にフォーカスすれば、問題の規模を理解できるうえ、問題解決の糸口もつかめるかもしれない。8万2000ドルは大金だが、賢明に投資すれば長期的には大きな見返りが得られるのではないだろうか？

　普通の人でも、住宅購入や起業、子どもの教育などのために、これくらいの借金をしている。国もこの規模の借金を、科学的発見や他国との関係改善、国土の保全といった有意義な目的に使ったらどうだろう？　「27兆ドル」と聞くと、そこで議論が止まってしまうが、「8万2000ドル」は対話のきっかけになり、財政支出の内容や方法について冷静な議論ができるかもしれない。

## 「プロトタイプ」を使う

　データをたくさん集めると、些末な詳細にとらわれて全体像がぼやけることがよくある。データが大量にあるときは、できるだけ多くのデータを1つのシナリオにまとめてみよう。僕らはこの方法を、「典型例」と呼んでいる。プロトタイプとは、その分類の最も中心的／代表的な

※執筆時点の金額。ここでどんな数字を挙げても、あなたが読む頃には変わっている。

例のことだ。たとえば「鳥」と聞いて頭に浮かぶプロトタイプは、コマドリやスズメのような鳥だろう。タカ（胸が広すぎる、かぎ爪が鋭すぎる）やフラミンゴ（背が高すぎる、色が鮮やかすぎる、ミルクで育つ）、ダチョウ（言わずもがな……）はプロトタイプにならない。

インスタント食品の会社が人口学的・心理学的データを1人の典型的な顧客の経験にまとめたら、どんなことを学べるだろう？

当社の平均的な顧客は32歳、既婚、子持ちです。顧客の93%がフルタイムで働いています。子どもの数は平均1.7人（5歳以下が1.3人）。当社製品を購入する理由の上位3位は (1)便利だから (2)慣れ親しんだ味だから (3)他社に比べて栄養バランスが「悪くない」から、です（原注⑫）。

当社の典型的な顧客は32歳の母親です。仕事帰りに保育園に子どもたちを迎えに行き、その足でスーパーに寄って買い物をします。2歳児をカートに乗せ、4歳児の手を引きながら店内を歩くので、4歳児がいたずらしないように気をつけながら、商品棚の箱を取らなくてはなりません。細かい字で書かれた成分表示を読もうとすると、2歳児が箱をはたき落とそうとしてきます。

こうした典型的な顧客像を考慮した結果、顧客がお気に入りの味をすばやく探せるように、パッケージデザインを簡素化し、栄養情報のフォントサイズを拡大することを提案します。

上の文例のデータは頭に残らないし、たいした発見もない。

だが下のように数字を「1人の人間」のかたちで示せば、数字の持つ意味を感じ取り、理解することができる。**マーケティングのデータには共感できないが、人間になら感情移入できる。**

商品の流通を踏み込んで考えるのは難しくても、どんな人も、初め

ての絵本から最近見た映画まで、いろいろな物語に入り込んだ経験があるはずだ。この例のプロトタイプには多くのデータが含まれるが、そのすべてが「スーパーでだだをこねる子どもを持つ親」という、現実の顧客像を表している。

　人を説得するためには、正しい分析によって正しい答えを導くことが欠かせない。だが正しい答えを人に伝える際には、それを導くのに使った数字を必ずしも示す必要はない。実際、最も完璧な数字の翻訳には、数字をまったく使わないものもあるのだ。

## ■■■ 相手にやさしい数字を使う

　次のエクササイズをやってみてほしい。家族や友人にもやってもらおう。まずリストＡを数秒間眺めて記憶し、目を閉じて数字を復唱する。リストＢでも同じことをする。

| リストＡ | リストＢ |
|---|---|
| 2,842,900ドル | 300万ドル |
| 5.73倍大きい | 6倍大きい |
| 17分の9 | 2分の1 |

　さて、どちらのリストのほうがよく思い出せただろう？　「リストＡ」と答えた人は、きっとリストＢと勘違いしている。リストＢはあらゆる点で扱いやすい。わかりやすく、思い出しやすく、繰り返しやすい。

　そして、どちらのリストも、伝える情報はほぼ同じだ。新しいオフィスは「6倍」広くなると聞かされ、実際は「5.73倍」広かったとしても、思ったより狭いとは感じない。同じ仕事をしたのに同僚の半分の賃金しかもらえなかったときに、実は17分の9だと言われても、気分はよくならない。

　では次に、リストＡとＢをもう一度見てから、覚えたばかりの数字を使ってちょっと計算をしてみよう。たとえば、1行目があなたの経営する会社の経常利益、3行目が（ちょっと夢を見て）あなたの取り分だとしよう。さて、あなたの年収はいくらだろう？

　リストＢを使えば、あなたの懐に150万ドルが転がり込んでくるといううれしい知らせがすぐに手に入る。

　リストＡでは計算に時間がかかり、あなたの取り分は……ちょっと待って……150万5065ドルとわかる（約150万ドルだ）。計算を終える

頃には、話題はもう次に移っている。

　相手にやさしい数字を使うべき理由は2つある。第一は、相手にやさしいから！　人は会話から取り残されたくないし、面倒な計算もしたくない。**自分の主張を理解してもらうために、相手にややこしい計算を強いるのは失礼だ。**

　第二の理由は、効果が高いからだ。対人スキルが苦手で相手の気持ちがよくわからないという人は、次のように技術的問題に置き換えて考えるとわかりやすいだろう。リストBの数字は、処理能力が限られた人間の脳に合わせたかたちになっているのだ。心理学者のジョージ・A・ミラーは、「人間のワーキングメモリー〔作業をするために必要な情報を一時的に蓄えておく能力〕の大きさはどれくらいなのか？」という問いに答える、有名な論文を書いた。

　彼の答えは、論文のタイトル「マジカルナンバー7±2」に表れている（原注⑬）。この「7±2」という数が、人間が短期記憶に保持できる項目の数だ。**数字であれ、番号であれ、名前であれ、7個（ときには5〜9個）以上のものを覚えようとすると、記憶があやふやになり始める。**

　実際、たった1つのわかりにくい数字のせいで、ほかのことが何も考えられなくなることさえある。複雑な分数や（たとえば139分の17）、ケタ数の多い数字（4,954,287）、長い小数（0.092383）など。こうした数字は1つのことしか表していない割に、記憶容量の多くの「枠」を占領する。なんとか記憶できたとしても、それ以外のものを記憶する余地がなくなるため、メッセージが伝わらなくなってしまう。

　そもそも、複雑な数字は誤解を生むことが多い。ファストフードチェーンのA＆Wは、新製品の「サードパウンダー（3分の1ポンド≒151グラム）バーガー」を、マクドナルドの「クオーターパウンダー（4分の1ポンド≒113グラム）」と同じ価格で発売したとき、このことを身をもって学んだ。半数以上の顧客がぼったくられたと感じ、そっ

ぽを向いた。「なぜこっちのほうが肉が少ないのに、値段は同じなんだ？」、と。

　消費者はA&Wの新しいハンバーガーの価値を、「3分の1」と「4分の1」という2つの分数を比べることで評価した（原注⑭）。だが分数はものの全体ではなく、一部分を表す数だから、理解しにくい。人はものを数えるのは好きだが、分数は「もの」のうちに入らない。だからパッと目に入る整数に飛びつく。「3は4より小さい、つまり3分の1バーガーは4分の1バーガーより小さいんだな」と勘違いしてしまうのだ。

　こうした誤解を避けるために、数字を相手にやさしくするコツはいろいろある。巻末の付録にも具体例をいくつか載せた。だが次の3つのルール（2つの経験則と1つの注意事項）を頭に入れておけば、ほとんどの誤解を回避できる。

## ルール 1 シンプルが善

　小学校では、算数に慣れてきたころに、四捨五入や切り上げ、切り捨てによって数字を丸めることを学ぶ。なのに電卓やスプレッドシートを使うようになると、数字を丸めることなんか頭からすっかり抜け落ちてしまう。

　だが物理学者やエンジニア、医師など、数字を日常的に扱う人たちは、つねに「おおよその数」に立ち返る。そうした仕事では複雑な数字を単純な数字に変換することが多い。そうすれば問題を把握しやすくなるし、それをたたき台にして議論しやすくなるからだ。この種の意図的な単純化を表す用語もある。「封筒裏の計算」「やっつけ計算」「どんぶり勘定」などがそうだ。正確な数字が求められる時や場合もあるが、**一般的なプロジェクトでは正確さより適切な概算が役に立つことのほうがずっと多い。**

　マイクロソフトのパースペクティブエンジン・チームが、検索結果

にたった1つの「視点を変える語句」を含めたところ、地理情報を思い出す確率が2倍に高まったという話を前に紹介した。

このチームは別の実験で、数字を丸めることの効果も調べた。ニューヨークタイムズの記事の一部を使い、一部の被験者には元の記事を、残りの被験者には記事中の数字をおおよその数字に変えたものを読んでもらった。

次の2つの例は実験で使われた文章の抜粋で、どちらもニューヨークの邸宅美術館「フリック・コレクション」の物議を醸した拡張計画（原注⑮）を説明している。

■ 正確版：

フリックが増築を予定している3,725㎡のうち、展示室に充てられる面積はわずか371㎡ —— この界隈に立ち並ぶ、ロシア新興財閥の邸宅のワインセラーほどの広さだ。

■ おおよそ版：

フリックが増築を予定している3,700㎡のうち、展示室に充てられる面積はわずか370㎡ —— この界隈に立ち並ぶ、ロシア新興財閥の邸宅のワインセラーほどの広さだ。

被験者はこうした文章をいくつか読んでから、読んだ数字を思い出し、それを使って計算を行った。数字を正しく思い出すことができた被験者は、「正確版」では5人に2人、「おおよそ版」では5人に3人だった※。計算の正答率（この例では展示面積が増築部分に占める割合を計算した）は、やはりおおよそ版を読んだ被験者が、正確だがわかりにくいバージョンを読んだ被験者を上回った。

こうした実験を1000人の被験者を対象に6つの分野の文章を使って行ったところ、一貫した結果が出た。「おおよそ版」のほうが「正

※実験では、文中の数字の上下10%以内を正解とした。

確版」に比べて思い出す確率が高く、計算ミスが少なかった。

この結果は、「人間が短期的に記憶できる情報量には限りがある」というジョージ・A・ミラーの発見を裏づけている。いくら正確な数字があっても、それを処理するようにできていない脳に送り込んだら、かえって逆効果になる。**正確さを重視するなら、丸めた数字を使おう。**そのほうがより正確に思い出してもらえる。

### ルール2 「整数」を使う

整数、つまり数えることができる数は、リアルに感じられる。狩猟採集時代に進化した人間の脳が扱える、「まるごとのもの」として想像できるからだ。これに対して小数、分数、割合、比率などの「部分の数」は、脳には現実的なものとして認識されない（原注⑯）。頭が数学モードになっているときは処理できるが、いきなり言われたらスッと理解できない。

つまり、**整数以外の数字はわかってもらいにくい**のだ。それも、ただ覚えにくく計算ミスをしやすいだけでなく、数字が腑に落ちないせいで、メッセージそのものが伝わらないことが多い。

メッセージをリアルに伝えるために、できる限り整数を使おう。端数の分数や小数は丸めてしまおう。

1未満の数字は、「**バスケット方式**」を使えば、整数のように感じてもらえる。たとえばある特徴を持つ人の割合が0.2％なら、500人か1000人の「バスケット」をつくって、現実の人のかたちで表すのだ。「500人のうちの1人」や「1000人のうちの2人」とすれば、抽象的な小数がリアルになる。

そしてバスケットはなるべく小さくしよう。たとえば「3分の2／0.67／67％の人がチーズ味のマシュマロを気に入らなかった」のなら、「3人に2人が新しいフレーバーを『まずい』と感じた」とすれば、部屋にいるあなたや私と同じ人間の話のように感じられる。これが

「100人中67人」になるとリアルさが薄れる。

　また、複数の数字を使うときは、バスケットの大きさをそろえよう。つまり、**バスケットの大きさは、リアルに感じられ、相手に余計な計算をさせないほどには小さく、それでいて複数の数字を直接比較できるほどには大きくしよう**。「6人に1人がチーズ味のマシュマロに興味を持ったが、6人に4人がまずいと感じた」など（比較しやすいように、後者を「3人に2人」ではなく、「6人に4人」とする）。

### ルール3　専門家相手に話す場合は慣行を優先する

　ルール1と2のねらいは、数字を確実に理解してもらうことにある。これらのルールは、人間がどんな情報を理解しやすいのか、理解しにくいのかという研究をもとにしている。

　だが特別な訓練を積んだ人は、これらの一般法則に当てはまらない数字を理解するコツを持っていることがある。その場合は、相手の専門分野の慣行に合わせたほうが、より正確にとらえてもらえるだろう。たとえば買い物客は、子どもの宿題の「2.77 × 0.8」をとっさに計算できなくても、「277円のツナ缶の2割引」なら会計士並みの計算力を発揮するだろう。

　なぜなら、特定の形式の数字に慣れている人は、脳にあまり負担をかけずにそれを処理できるからだ。

　ジョージ・A・ミラーの「マジカルナンバー7」には、特定の条件つきの「拡張版」がある。人間の脳のワーキングメモリは一度に約7項目の情報を保存できるが、この「項目」の大きさは、学習や専門的訓練によって変わる。心理学には「ひとかたまりとして記憶される情報の集合」を表す用語、「チャンク（塊）」がある。チャンクは1ケタの数の場合もあれば、札幌の市外局番（011）や、好きな歌の2行分の歌詞の場合もある。

　専門家はすぐに呼び出せる情報のチャンクを多く持っているから、

ルール１と２が当てはまらないことがあるのだ。相手がどういう人た
ちなのか、どういう情報のチャンクを持っているのかを知れば、彼ら
が処理しやすい形式の数字を示すことができる。

　普通の人にはややこしく思える数字でも、経験を積んだ人たちには
苦もなく簡単に理解できることがある。たとえば世論調査員はパーセ
ンテージに慣れているし、野球ファンは打率をそらんじ（何割何分何
厘まで覚えていたりする）、勝負師は気が遠くなるほど細かい確率を扱
うことができる。パン職人や機械工、仕立職人にも、仲間内で通じる
分数がある。

　**相手がなじんでいる形式の数字を示そう**。重要な指標を３ケタの小
数で表すことは普通は勧めないが、相手が野球ファンなら、２割７分
７厘と３割１分２厘の打率の違いに敏感に反応する。

　相手が慣れている形式が一番だ。

■　■　■

　もちろん、これらのルールに従わないほうがわかりやすい場合は、
無理に守る必要はない。自分の判断力を信じよう。だが、これからの
章でより複雑な数字のコミュニケーションについて考えていく中で、
これらの基本ルールをいつも心にとめておいてほしい。できる限りわ
かりやすい数字、つまり最も単純で、最も丸めた、最もなじみやすい
数字を示そう。

　これらのルールを頭にたたき込むために、次のエクササイズをやっ
てほしい。人体をつくる元素のうち、最も多いものは何だろう？　こ
れを表す方法を考えてみよう。

| 水素 31/50 | 酸素 6/25 | 炭素 3/25 | 窒素 1/173 | その他 1/500 |
| 水素 62% | 酸素 24% | 炭素 13% | 窒素 1.1% | その他 0.2% |

↓

人体を構成する原子 10 個のうち、6 個が水素、3 個が酸素、1 個が炭素です。残りの元素は、ほんの微量しか含まれていません（原注⑰）。

　一番上の翻訳例は分母がそろっていない。複雑な賭けの倍率みたいだ。これを理解できる人は、ギャンブル依存症かもしれない。

　真ん中の例は、わかりやすく比較しやすいパーセンテージで統一しているから、ちょっとマシだ。

　だがお勧めしたいのは、最後の例だ。この例は「微量元素」の概念（人体にごく少量しか存在しないということ）と、水素・酸素・炭素の三大元素が人体に多く存在する（人体のほとんどが水、つまり水素原子 2 個と酸素原子 1 個が結合した水分子でできている）ことを、よりわかりやすく示している。

　本章の結びに、公衆衛生のメッセージを取り上げたい。これは僕たちが気に入っている例で、大学院生向けの「メッセージを記憶に焼きつける」ワークショップで、マリアル・ウィリアムズという学生が発表したものだ。この例は、人間の脳がパーセンテージをいかに非現実的に感じるか、そしてパーセンテージを単純な数字に翻訳したものをいかに現実的に感じるかをとてもよく表している。

アメリカの大人の 40% が、家でトイレをしたあと毎回手を洗っていません。

↓

あなたが握手する 5 人に 2 人は、トイレのあと手を洗っていないかもしれませんよ（原注⑱）。

40％という数字は、そこまで多いように思えないし、ピンとこない。「だからどうした？」「家でトイレをしたあと手を洗わない人がいるといっても、大半の人が洗うんだろう？」、と。

　だがこれを「５人に２人」に変換して、誰もが経験するシチュエーションに当てはめると、どんなにマズい事態なのかがよくわかる。あなたが５人と握手したら、そのうちの２人はトイレのあと手を洗っていないかもしれないのだ。これを読みながら消毒薬に手を伸ばしている人もいるだろう。

　人に親切にしよう。相手にやさしい、丸い数字を使おう。相手にやさしい、きれいな手で握手しよう。

# 2 章

## なじみやすく
## 具体的な
## 「人間のスケール」に
## 変換しよう

TO HELP PEOPLE

GRASP YOUR NUMBERS,

GROUND THEM

IN THE FAMILIAR, CONCRETE,

AND HUMAN SCALE

# 「ほどよい尺度」を探す
シンプルで見慣れた比較でわかりやすくする

　メッセージをすばやく理解してもらいたいなら、相手がすでによく知っているものごとを使って説明するといい。

　古今東西の文化は、この方法を数千年前から使っている。ある研究は、古代ローマから現代のマオリ族までの84の文化を調べ、ほとんどの文化が「人体」という普遍的なモノサシを使って、ものの大きさを理解していることを明らかにした（原注①）。調査した文化の半数が、両腕を一杯に広げたときの指先から指先までの長さ（英語では「ファゾム」〔日本語では尋〕と呼ばれる）を尺度にしていた。また、4つに1つの文化に、前腕の長さの尺度があった。中世の英語では「キュビット」（腕尺）（原注②）と呼ばれ、聖書のノアの方舟もこの尺度で測られた（長さ300、幅50、高さ30キュビット）。「マイル」の語源は、ラテン語で「1000歩」を表す「ミリアリウム」である。

　2020年の新型コロナ大流行期に、世界各国の健康キャンペーンはさまざまな尺度を使ってソーシャルディスタンスを表した。効果の高いメッセージは、相手に余計な計算をさせない、想像しやすい尺度を使う（原注③）。

　・ホッケースティック1本分（カナダ）
　・たたみ1枚（1間）分（日本）
　・ワニ1頭分（フロリダ州）
　・サーフボード1枚分（カリフォルニア州サンディエゴ）
　・ヒクイドリ1羽分（オーストラリア、クイーンズランド州北部）
　・マイケル・ジョーダン1人分（バスケットボールの試合）
　・トナカイ1頭分（カナダ、ユーコン準州）
　・クマ1頭分（ロシア）

・1ファゾム（アメリカ海軍）

・アルパカ1頭分（オハイオ郡祭）

・木材粉砕機1.5機分（ノースダコタ州）

・バゲット2本分（フランス）

・鱒4匹／釣り竿1本分（モンタナ州）

・マウンテンバイク1〜1.5台分（カリフォルニア州）

・コアラ4頭分（オーストラリア、シドニー）

・バッファローウィング24本分（ニューヨーク州バッファロー）

・ピスタチオ72粒分（ニューメキシコ州）

この中には役に立つものもあれば、おもしろいだけのものもある。ホッケースティックや釣り竿は見たことがあると思うが、バッファローウィング〔鶏手羽先のBBQ〕24本やピスタチオ72粒を並べたことがある人は……テーブルマナーを学んだほうがいい。

あなたの数字にぴったりの尺度、つまりあなたの「ファゾム」を見つけるにはどうしたらいいだろう？　前述のマイクロソフトリサーチの科学者、ジェイク・ホフマンとダン・ゴールドスタインは、同僚のクリストファー・リーデラーと組んで人口と地理のデータを翻訳した際、**「最高の翻訳は、イメージしやすい尺度と単純な倍率の組み合わせ」**だと気がついた。

> パキスタンの面積はオクラホマ州の約5倍です。
>
> ↓
>
> パキスタンの面積はカリフォルニア州〔日本〕の約2倍です（原注④）。

だからファゾムを見つけるには、相手がよく知っていて、あなたが比較したいものと同じくらいの大きさの尺度を考えるといい。

困ったら、「マクガイバーの法則」を使おう。1980年代に流行った

テレビシリーズ「冒険野郎マクガイバー」〔2016年からリブート版が放映された〕の主人公は、科学知識を駆使して、ファストフード容器のようなどこにでもあるものを使って、バットマンやジェームズ・ボンドが何百万ドルもかけて開発するようなツールをつくってのける。これにちなんで、「身近なものから尺度を探す」ことを、マクガイバーの法則と名付けた。**地元の名所や、相手の専門分野で使われるもの、ニュースのネタ**など、相手がよく知っているものを探してみよう。

そして、単純な倍率で示せる尺度を選ぼう。「コアラ4頭」や「ピスタチオ72粒」は、2倍や半分のような単純な倍率よりもわかりにくい。マイクロソフトリサーチの研究では、**最もよく理解され、記憶されたのは、「倍率が1倍」の翻訳**だった。ソーシャルディスタンスでいうと、日本人なら「たたみ1枚分」、オーストラリア人なら「ヒクイドリ1羽分」や「ワニ1頭分」（足首を食いちぎられても構わないなら）など。

| ×　避けよう | お勧め |
|---|---|
| あなたの出身州の3.9倍の面積 | ニューヨーク州の面積とほぼ同じ |
| マウンテンバイク1.5台分 | サーフボード1枚分 |

たとえ「〇〇州の3.9倍」や「マウンテンバイク1.5台分」のほうが正確だとしても、わかりやすい「ニューヨーク州」や「サーフボード1枚分」を選ぼう。そのほうが扱いやすく覚えやすいから、結局はより正確にメッセージが伝わる。

アイルランド共和国の面積は約7万km²です。
〔オーストリアの面積は約8万4000km²です〕

アイルランド共和国の面積はニューヨーク州とほぼ同じです。
〔オーストリアの面積は北海道とほぼ同じです〕

トルコの面積は約78万3000㎢です（原注⑤）。

⬇

トルコの面積はカリフォルニア州の2倍弱〔日本の2倍強〕です。

太平洋ゴミベルトの面積は推定160万㎢です。

⬇

太平洋ゴミベルトの面積はスペインの3倍〔日本の4倍〕以上とも言われます。

では、ここで、尺度を考案するエクササイズをやってみよう。オーストラリアで2019年末から2020年初にかけて発生した山火事は、とてつもない被害をもたらした。被害の大きさをうまく伝えるにはどうしたらいいだろう？　下の欄の箇条書きから1つ選んでほしい。

オーストラリアの2020年の山火事では、約1860万ヘクタール（18万6000㎢）の土地が焼失しました（原注⑥）。

⬇

オーストラリアの2020年の山火事では、次の面積の土地が焼失しました。

- 日本の半分
- シリアと同じ
- イギリスの4分の3
- ポルトガルの2倍
- ニューイングランド地方（コネチカット、メイン、マサチューセッツ、ニューハンプシャー、ロードアイランド、バーモントの6州）とほぼ同じ
- ワシントン州と同じ

　最高の翻訳は「イメージしやすい尺度と単純な倍率の組み合わせ」だ。どれが一番効果が高いだろう？

シリアと言われても、アメリカ人にはよくわからない。イギリスは倍率が複雑だし、日本の倍率も分数でピンとこないから、これらの国の人以外にはお勧めしない。

ヨーロッパにくわしい人には、ポルトガルがいいだろう。アメリカ人の場合、西海岸の人ならワシントン州、東海岸の人ならニューイングランド地方を使うことを勧めたい（同じ面積でも、「ニューイングランド地方」のほうが大きく感じられるのは、それを構成する1つひとつの州が頭に浮かぶからだ。第3章でくわしく説明する）。

ほどよい尺度を選べば、メッセージやデータに魅力や興味を感じてもらえる。

今度は、動物の速さに関する科学的事実を見てみよう。野生動物の速さを実感するために、人類最速のウサイン・ボルトを尺度にした。史上最速の人間は、平均的なオリンピック選手も真っ青の速さだ。平均的なオリンピック選手は決勝に出られない。決勝に進めるのはトップ中のトップのアスリートだけだが、記録を塗り替えたときのボルトは、その中でも群を抜いて速かった。

まずはボルトを（最速の、ではなく）平均的な野生動物と競わせてみよう（原注⑦）。

セレンゲティ国立公園の異種間オリンピック競技で、100m走最速の動物を決めるとしましょう。助走をつけて全速力でスタートします。人類代表は、4×100mリレーのアンカーで100mを8秒65で走った記録を持つ、ウサイン・ボルト。このときの100mの平均速度は時速42kmでした。

チンパンジー代表は、その辺にいるチンパンジーです。後ろ足が短く、4足で走りますが、ボルトよりわずか3.35m遅れて8秒95でフィニッシュします。100mを走る間時速40kmを維持します。

でもボルトもチンパンジー代表も、突然紛れ込んできたクロサイにはかないません。クロサイは100mを時速55kmで走り、ボルトを24m離して6秒55でゴールを切ります。

人類史上最速のウサイン・ボルトは、クロサイとチンパンジーとの100m走では銀メダルしか取れません。サイより2秒も遅れてゴールインします。そして、動物にはまだまだ上がいます。ダチョウ、チーター、それに鳥を入れるならハヤブサも、サイよりずっと速いのです。

動物の走る速さは科学の本や動物園の看板に書かれているが、人類最速の男と比べてみて初めて腑に落ちる。世界に900万人いる競技走者中の最速の人間でさえ、平均的なチンパンジーよりかろうじて速く、サイを捕まえるにはほど遠い。しかもこれらの動物でさえ、最速の動物ではないのだ。

このように、本当に興味深いデータは、ただ情報を伝えるだけでなく、常識を覆すのだ。最後はビジネス界の例を見てみよう。

世界のビデオゲームの市場規模は、2020年に1800億ドルに達しました。これに対し、2019年（コロナ前）の世界の映画興行収入は420億ドル、音楽市場の売上は220億ドルでした。

ビデオゲーム業界の市場規模は、映画業界の4倍以上、音楽業界の約8倍です（原注⑧）。

映画業界と音楽業界の市場規模を尺度にすれば、ゲーム業界の規模を明確にとらえ、驚嘆することができる。ビデオゲーム、映画、音楽

の業界は、単体で見るとそこまですごいとか意外だとは感じられない。これらの規模が大きいことは誰でも知っている。

　だが３つを比較するとびっくりするに違いない。なぜなら、これらの業界について一般に言われていることや報道されていることとかけ離れているからだ。ビデオゲーム業界は、映画や音楽ほど話題にならない。たとえば、ゲーム業界に有名なオンライン雑誌はあるだろうか？　グラミー賞は？　一般投票で決まる賞は？　これは「オタク差別」なのかもしれない。オタクは、映画や音楽の業界人ほどには、レッドカーペットのような華々しい舞台が似合わないと思われているのだろうか。

　起業家目線で見ると、ここにはビジネスチャンスが眠っているように思える。この目立たない業界で、ハリウッドやナッシュヴィルの何倍もの規模の経済活動が行われている。どうしたらこの市場に切り込めるだろう？

　このように、優れた尺度をきっかけに、いろんな疑問やアイデアが浮かぶ。数字に関する建設的な対話が始まる。相手に数字の議論をさせることができたら、もうこっちのものだ。

## ■■具体的なものに変換する

　コンピュータ科学の草分け的存在で、「バグ」という言葉を広めたことでも知られるグレース・ホッパーは、アメリカ海軍プログラミング言語部門の初代責任者だった（最終階級は海軍准将）。彼女は数学も教えていた。ある時、数学のレポートを文章力で評価して、学生に猛反発された彼女は、のちにこう語っている。「私はいつも説明したものです。**人にきちんとメッセージを伝えられないようでは、いくら数学を学んでも無駄ですよ、と**」（原注⑨）。

　ホッパーは海軍の技術者たちに、プログラミングコードを簡素化しなさいと、口を酸っぱくして言い続けた（戦時下では数分の1秒が生死を分けることがあるのだ）。講義では1マイクロ秒、つまり100万分の1秒間に電気が流れる長さ（300m）の電線の束を掲げてこう言い放った。「この電線をあなた方のデスクの上につるすか、首にかけるかしておくべきじゃないかと思うことがありますよ。1マイクロ秒を無駄にするのは、これを無駄にするのと同じなのです」（原注⑩）。

「1マイクロ秒も無駄にするな」と言われても、「1銭も無駄にするな」と言われたのと同じくらいピンとこないが、その時間内に電気信号が伝わる距離を実際に目で見れば腑に落ちる。「1マイクロ秒」を、プログラマーの首にかけられるほど具体的な「もの」に変換し、戦時中はそれが生死を分けると説明したことで、ホッパーの主張は末長く語り継がれることになった。

> 1マイクロ秒、つまり100万分の1秒も無駄にしてはいけません。
>
> ▼
>
> この電線の長さは、1マイクロ秒間に電気信号が伝わる距離です。300m、サッカーコート約3個分の長さです（原注⑪）。

　ホッパーは専門家でありながら、専門外の人にも理解できるように具体的に話す努力をしたという点で異例だった。専門家は抽象的な議論をすることが多い。ふだんからそうやって問題を解決している。前例から法則を導き出し、それを使って新しい問題を解決する。彼らは単純な事例には飽き飽きしているから、複雑な話が大好きだ。**だが、複雑なものごとを単純化して説明できるたぐいまれな人は、その問題を広く理解してもらい、多くの人の力を借りられるから、とても大きなことを成し遂げられる。**

　あなたも簡単な方法でそれができる。問題を説明するとき、抽象的な数字を使う代わりに、具体的に感じられるかたちに変換しよう。具体的なものごとは理解しやすく、記憶にとどまりやすい（原注⑫）。

　ことわざや笑い話、民話、叙事詩などの文化伝承は、人から人へと語り継がれるうちにますます具体的になっていく。それはなぜかというと、具体的な部分ほど記憶に残りやすく伝えやすいからだ（原注⑬）。

　具体的な翻訳の力を借りれば、腫瘍の大きさも瞬時に把握できる（原注⑭）。

| 腫瘍の直径 | 説明 |
| --- | --- |
| 1cm | グリーンピース |
| 2cm | ピーナッツ |
| 3cm | ブドウ |
| 4cm | クルミ |
| 5cm | ライム |
| 6cm | タマゴ |
| 7cm | モモ |
| 10cm | グレープフルーツ |

腫瘍の大きさ

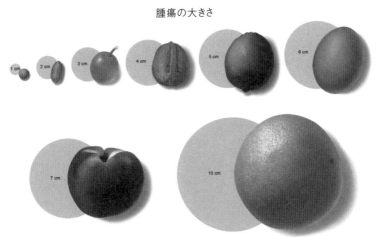

　感覚を働かせて数字を理解すると、誤解したり、忘れたりしにくくなる。たとえばあなたが医師から「3㎝の腫瘍が見つかりました」という、深刻な告知を受けたとしよう。30分も経てば、数字を思い出せなくなったり、単位を間違えたりするかもしれない。だが「ブドウ大の腫瘍」を思い浮かべれば、覚えやすく間違えにくくなる。翻訳は、長さの尺度を3次元の物体に変換するという荒技をやってのけるのだ。

　数字を具体的なものに変換する手法は、体積や重さにも使える。次の例はアメリカ疾病対策センター（CDC）が発表した、健康的な食事のガイドラインからの抜粋だ。

健康的な食事の一部として推奨される肉の摂取量は、1日85gから113gです。

健康的な食事の一部として推奨される肉の摂取量は1日85gから113g、トランプ1組ほどの大きさです（原注⑮）。

「トランプ1組」の大きさは、ポーカー、大富豪、ソリティア、何を するのでも、ほぼ世界共通だ。それに肉を皿から取り出して、ソース を取り除き、重さを量り、皿に戻すより、頭の中でトランプ1組の大 きさと比較するほうがずっと簡単だ。

　もっと重いものの例も挙げておこう。スエズ運河は、アフリカ南端 を回らずにヨーロッパとアジアを船で行き来できる近道で、そのため 交通量がとても多い。だが、2021年3月23日、コンテナ船「エヴァー ギヴン」のせいで運河の往来が遮断された。砂嵐による視界不良のな か、強風で進路を維持できなくなって座礁し、航路をほぼ完全にふさ いでしまったのだ。

　この事故を報道する記者は、たった1隻の船が国際貿易に大損害を もたらしたという事態を伝えるために、工夫を凝らした。次の翻訳例 を読んでみよう。

コンテナ船エヴァーギヴンは全長約400mです。

エンパイア・ステート・ビルが横倒しになって、運河をふさいでい る様子を想像してください。コンテナ船エヴァーギヴンは、エンパ イア・ステート・ビルのてっぺんから針のようなアンテナ塔を取り 除いた本体部分よりも長いのです〔東京タワーの上に国会議事堂の中 央塔を重ねたほどの長さです〕（原注⑯）。

　具体化は、数字をリアルに感じられるようにするための第一歩だ。 「約85g」は抽象的だが、「トランプ1組」は具体的だ。「全長400mの 船」だとイメージしにくいが、エンパイア・ステート・ビルが横倒し になって運河をふさいでいるイメージは記憶に焼き付く。

　また、後者の例を読むと、「具体化」のいろいろな方法が頭に浮か ぶだろう。たとえば「400m」を「市街地の5ブロック」に変換する

のも、具体化の一例だ。とはいえ、あの有名なエンパイア・ステート・ビル（世界一高いビルの座を40年間守っていた）が横倒しになって運河を遮断しているイメージは、ただ具体的というだけではなく、ずっと鮮やかだ。

　相手の心を揺り動かすためには、具体化するだけで満足せずに、できるだけ鮮明なイメージを示すようにしよう。鮮明なイメージは、より感覚に訴え、カラフルで、生々しく、意表を突き、身近に感じられる。ただ理解しやすいだけでなく、肌で感じることができる。

　アメリカの低所得者向け食料支援プログラム「フードスタンプ」（現在はSNAP［補助的栄養支援プログラム］と改称）には反対者が多い（原注⑰）。高価で贅沢な「タダ飯」を提供しているように聞こえるからだろう。2018年の支出総額は610億ドルと、一見莫大な金額に思える（原注⑱）。だがこれを1人1食あたりに直すと（第1章の「1にフォーカスする」を思い出して）、わずか1ドル37セント（原注⑲）。頭の中で1ドル札と少々の小銭をイメージすれば、「タダ飯」が具体的になる。だがこれを食事のかたちに変換すれば、さらに鮮明になる。

> SNAPの受給額を1人1食あたりに直すと、わずか1ドル37セントです。
>
> 「1食1ドル50セント以下」のレシピを紹介するウェブサイトには、トマトマカロニサラダ1人前（1ドル41セント）やジャガイモとネギのスープ1人前（1ドル28セント）、ツナのカリカリグラタン3人前（1人前50セント）などが並んでいます。

　これらの料理がおいしそうかどうかはさておき、贅沢だとはとても言えない。SNAPに反対する有権者がうらやましく思うような料理でないのは確かだ。それに、こうした慎ましい料理でさえ、SNAP受給者には手が届かないかもしれない。材料費は1ドル50セント以下でも、それ

をつくるためにはほかの調味料やスパイスが必要だ。たとえばツナのカリカリグラタンにはバター3片が必要だが、スーパーでバターを買えば450gで3ドルと、それだけで1日のSNAP受給額をおおかた使い果たしてしまう。

　具体的で鮮明な例をもう1つ。

　アメリカでは上位1%の超富裕層が国全体の富の31%を、上位10%が70%を保有しています。下位50%が保有する富は全体の2%でしかありません。

　各階10戸10階建て、計100戸のマンションを想像してください。このマンションでは、最も裕福な住民1人が31戸を所有するなど、上位10人で70戸を占有しています。もしあなたの資産が10万ドル未満なら、最も貧しい49人と2戸を分け合うことになります(原注⑳)。

　このイメージはインフォグラフィック〔情報をわかりやすく可視化した画像〕並みに鮮烈だが、人間の脳そのものも高性能の画像処理装置なのだ。想像力を働かせれば、このマンションの立体的なイメージが頭に浮かぶ（ドラマ「フレンズ」の主人公たちが共同生活を送っているような、レンガ造りのマンションだ）。

　そして脳内のイメージは、どんなインフォグラフィックよりも説得力がある。あなたがマンションの2室に49人の他人とすし詰めになって暮らしている様子が、まざまざと目に浮かぶはずだ。どんなインフォグラフィックを駆使しても、ここまで閉所の恐怖を感じさせることはできない。

　鮮やかな翻訳はいろいろな感覚を呼び覚ます。次の例では、あなたがハチドリになったらどんな感じがするかを、味覚や体の感覚を働かせながら想像してほしい。

体重約3gのハチドリの1日あたりの消費カロリーは約3〜7kcal。代謝が非常に高く、体重比で人間の50倍ものカロリーを摂らないと生きていけないのです。

ハチドリの代謝は非常に活発です。平均的な成人男性の代謝がハチドリ並みだとすると、起きている16時間の間、コカコーラを毎分1本以上 —— 1時間ごとに67本 —— 飲み続けなくてはなりません（原注㉑）。

　代謝が高いと言われても、どういうことなのかすぐにはわからない。「50倍」高いなんて言われたらもうお手上げだ。だがコーラを1分に1本飲み続けなければ生きていけないと考えると、数字が具体的に、かつ生き生きと見えてくる（数本飲んだだけでお腹が炭酸でふくれ、どんどんはちきれそうになっていくのを想像できる。だからハチドリはあんなに速く羽根を動かしているのか、と）。生物の教科書を読んでいるような気分にならずに、驚異の念を感じることができる。

　一般に、鮮やかなものはよりカラフルで、活気があり、生々しい。今ここで、自分の身に起こっているように感じられる（原注㉒）。だから記憶に残りやすいし、行動や考え方を変えるきっかけになりやすい。

　身近なものにたとえ、さらに身近な動作を絡めると、よりリアルに感じられる。

2014年のある土曜日、オハイオ州トレド（都市圏人口65万人）の当局は、地域の水処理施設内で藻類の毒が検出されたため、都市圏の水道利用者50万人に、水道水を使用しないようにと呼びかけました。

人口65万人のオハイオ州トレド都市圏では、水道水から藻類の毒が検出されたため、5世帯に4世帯が、キッチンの蛇口からコップに注いだ水を飲むことを禁じられています（原注㉓）。

水処理施設での毒素混入はニュースで読む話だが、自宅の蛇口から毒水が出たとなると、わが身に降りかかる脅威になる。下の翻訳例は、この問題を人命を脅かす危険として意識させる。「コップに水を注ぐ」という動作は、誰もがいつもやっていることだ。だからこそ、この単純な動作が死を招きかねないことの深刻さがひしひしと伝わってくる。

　この章は、1マイクロ秒の長さを表すという難題から始めた。1マイクロ秒をそのままのかたちで理解するのはとても難しい。ホッパーの具体的な翻訳のおかげで、知らないことを簡単に理解できた。

　同様に、次の文例の距離は簡単には想像できない。

太陽系に最も近い恒星系までの距離は4.25光年です。

太陽系や地球に最も近い星はどれくらい離れているのでしょう？太陽系全体を25セント玉の大きさ〔10円玉とほぼ同じ〕に縮めたとしましょう。このコインをサッカーコートのゴールポストに置いて、コートの反対側のゴールポストまで歩いて下さい。着いたら、別の25セント玉をそこに置きましょう。これが、地球に最も近い恒星、プロキシマ・ケンタウリです。2枚の25セント玉の間には、冷たく暗い空間しかありません（原注㉔）。

　この例は宇宙の広大さを伝えようとしている。これを具体的に感じるには、実際に歩いて体感するのが一番だ。すべてを1つの部屋や1つの大きなカンバスに入れる翻訳には、一目で俯瞰できるというよさがある。そして、それを実際に自分の足で歩いてみると、さらに強く心に残る。

　電子が1ナノ秒（10億分の1秒）間に進む距離。光年で測る宇宙の広大さ。こういった数字を理解するためには、何らかの工夫が欠かせない。**人間にとって数字はもともと異質なものだから、どんなに簡単な数字でも、具体的なものに翻訳するとわかりやすくなる。**「7年」がどれだけの長さかを知っているつもりでも、実はよくわかっていない。数字を別のかたちで表せば、より強力なインパクトを与えることができる。

　僕（チップ・ヒース）は数年前、具体化に関する教訓を学生に教えられた。授業で「電球型蛍光灯（CFL電球）のメリットを消費者にわかりやすく説明する」という課題を学生にやってもらった時のことだ。当時CFL電球は普通の白熱電球より値段が高かったが（約7ドルに対し1ドル）、電力消費量は4分の1で、何倍も長持ちした。

　発表の時間になると、あるグループが、ちょっと違う説明の仕方を考えてみましたと打ち明けた。「電力消費量はとても抽象的な概念です」と彼らは言った。「だから私たちは、CFL電球の交換にフォーカスしたんです。CFL電球の寿命は7年です。毎年電球を変えるのは、とくに手が届きにくいところにある場合は大変ですよね」。彼らが考えたのは、次のページの下の例だ。

CFL電球は消費電力が白熱電球の約4分の1で、毎年交換が必要な白熱電球とは違って7年も取り替えずにすみます。

お子さんが歩き始めたら、家中の電球をCFL電球に変えてしまいましょう。次に電球を取り替えるころ、お子さんは小学校2年生で二酸化炭素について学んでいるでしょう。その次に取り替えるころは、車の免許を取っているでしょう。

　僕は20年を超える教師生活で、学生の発表に拍手喝采が起こるのを聞いたのは、このときが初めてだった。僕も拍手した。

「7年」はわかりやすいように思える。だが時の流れはすぐには理解できない。現実の生活ではいつの間にか時間が経っていて、人生の大きな節目が来て初めて時間の経過を意識する。そんなときは、ただ頭で理解するだけでなく、しみじみ実感する。「ああ、なんて長持ちする電球なんだろう！」。そして、「子どもと一緒に過ごせる時間はなんて短いんだろう！　来週末は動物園に連れて行ってあげよう！」、と。

　僕はこのエクササイズから2つのことを肝に銘じた。学生が新しい方法を工夫したいと言ったら、好きにやらせようということ。そして、「7年」のように単純で具体的に思えるものごとでも、さらに具体化できるということだ。

　最後にもう1つ、具体化によって説得力が増した例を紹介する（ネットにはこの物語のいろいろなバージョンがあるが、ここに挙げた数字はすべてファクトチェック済みだ）。

　世界には77億もの人がいますが、それを100人の村に縮めてみたらどうなるでしょう？（原注㉙）

100人のうち、26人が14歳以下の子どもです。5人が北アメリカ人、8人が南アメリカ人、10人がヨーロッパ人、17人がアフリカ人、60人がアジア人です。

31人がキリスト教、24人がイスラム教、15人がヒンドゥー教、7人が仏教を信仰しています。7人がその他の宗教を信仰し、16人が宗教を持っていません。

7人が英語を第一言語とし、20人が第二言語としています。14人が読み書きができず、7人が大学の学位を持っています。

29人が肥満で、10人が飢えています。

　この物語の元のデータは、原注にも収まりきらないほど膨大な人口統計表だ。そのままのデータに目を通そうとする人などほとんどいない。
　だがどれも「人に関するデータ」という共通点があるから、人のかたちにすれば具体的に表せる。そして、多すぎて実際に数えたり会ったりできない「数十億人」の代わりに、身近な社会に暮らす現実の住民をイメージすることで、ようやく数字が腑に落ちる。
　100人の村は、特定の問題を考えるためのモデルにはならなくても、グローバルな政策を立案する時であれ、マーケティング計画を立てる時であれ、世界にどんな人々がいるのかという固定観念を問い直すのに役立つはずだ。
　ここで紹介した具体化の手法は、どんなに高度な数学的手法よりも直感に訴える。知性を武器にして、数字を具体的にしよう。

　時速25km走行と言えば、近所を走る普通の自家用車だ。その車が重量25トンなら大型トラックだし、25gならおもちゃのミニカーだ。飛行機の客室温度が25℃なら適温だが、25°F（-3.9℃）なら寒すぎる。「25」という数字自体は何の感情も呼び覚まさない。だがそれにいろいろな単位をつけると、それぞれが別々の経験を表し、それぞれの経験は脳の別々の部位で処理される。

　このことを利用して、数字をわかりやすくしよう。パッと見てわかりにくい数字や計算、比較を、ほかの種類の量、たとえば距離、体積、密度、速度、温度、金額、時間などに変換して、わかりやすくなったかどうか見てみよう。

　時間に変換するのは、いろんな場面で使える方法だ。**スケジュールに振り回される日々を送る現代人は、時間を計る経験をたっぷり積んでいる**。お気に入りのカフェまでの距離は知らなくても、そこに行くのにかかる時間は知っている。

　次の例で、抽象的な数字をただ時間に変換しただけで、リアルに感じられることに注目してほしい。なぜなら、それをあなたの人生に置き換えて考えるようになるからだ（原注㉖）。

100万秒は約12日です（原注㉗）。

10億秒は約32年です（原注㉘）。

　こういった変換を、いろんな場面で試してみよう。たとえば何かを「300倍する」とはどういうことだろう？　アメリカ人男女の平均身長168cmを300倍すると、エッフェル塔の上に自由の女神を載せたよ

りも高くなる〔東京タワーの約1.5倍〕（原注㉙）。マンハッタンの34番街からセントラルパークまでの距離を300倍にすると、カナダのモントリオールまで歩いてしまう〔東京駅から新橋まで行く代わりに、大阪まで行ってしまう〕。「たった1分ですむ」はずが、5時間の遅延になる（空港ではいつものことだ）。5ドル札1枚が1500ドルになる。エレベーターでの上司との気まずい数分間が10時間に感じられるだけでなく、実際に10時間になる。

　こうやって変換すると、数字をただ300倍にしたよりも直感的に理解できるのがわかるだろう。それぞれの単位にそれぞれのよさがある。この項はアイデアを得るためのヒントに —— 厳格なルールというよりはレパートリーとして —— 使ってほしい。

　いくつか例を挙げてみよう。

① 時 間 を 金 額 に 変 換 す る

開発チームの100人のエンジニアは、コーヒーをよく飲みます。各階にコーヒーコーナーを設けるには、設置費用が200万円かかるほか、材料費やメンテナンスなどのランニングコストがかかります。

社員が階下の休憩室にコーヒーを取りに行く時間を、1人1日あたり10分としましょう。エンジニアリングチーム全体で見ると、カフェインを摂るだけのために週80時間も費やしていることになります。このロスタイムを考えれば、コーヒーコーナーを設置しても数週間で元が取れ、それ以降は会社に利益をもたらします。
現状では、フルタイムのエンジニアを2人雇って、毎日ただ職場と休憩室とを往復させているようなものです（原注㉚）。

② 確率を「数えられるもの」に変換する

イギリスのイングランドの人口は5000万人超、うち約50人が毎日事故で亡くなっています（浴槽で溺れる、増水した川に流される、はしごから落下するなど）。つまりイングランドで事故死する確率は100万分の1です。

イングランドの住民がある日突然事故で死ぬ確率は、誰かに「紀元前500年1月1日から2200年8月1日までのどれか1日」を頭に思い浮かべてもらい、それを当てる確率と同じです（原注㉛）。

　研究者たちは、この例の「100万分の1の死亡確率」を、あらゆる種類のリスクを評価するための統一基準と単位にしたいと考えた（原注㉜）。彼らはこれを「マイクロモート（微小死亡率）」と名づけ、さまざまなリスクをこの単位によって表すためにデータを収集し始めた。たとえばオートバイを毎日70km走らせる（11マイクロモート）、全身麻酔を受ける（5マイクロモート）、スカイダイビングを1回する（7マイクロモート）など。だが、この単位はあらゆるリスクによる経験的な死亡率を同列に扱うための尺度というだけで、リスクを実感するのには役立たない。

　本書では、マイクロモートではなく「ホグワーツ」を元にした、普遍的な確率の尺度を提唱したい。

　まず、あの分厚いハリー・ポッター・シリーズの全7巻（英語版）が図書館の棚に置かれているところを想像してほしい（原注㉝）。第2巻の『ハリー・ポッターと秘密の部屋』（あなたの一番のお気に入り）を棚から取り除くと、残るは6冊、これらの語数は合計約100万語だ。次に、棚から6冊のうちのどれか1冊を取り、パッと開いたページのどれか1つの単語に赤い×印をつけよう。それから本を棚に戻し、

『秘密の部屋』を持ってカフェで読もう。

　次に誰かが図書館に入り、6冊のうちのどれか1冊を取って、目を
つむったまま適当にページを開いて指を下ろす。目を開けて指が差し
ている単語が、あなたが×をつけた単語である確率、それが100万分
の1の確率だ。

「ハリー・ポッター指標」は、いろんな確率を考えるのに使える。た
とえば前述したように、スカイダイビングの死亡事故率は約100万分
の7、つまり7マイクロモートだ。友人に6冊の中から適当に7つの
単語を選んで×印をつけてもらい、あなたがそのうちのどれか1つを
当てる確率と同じだ。この指標のおかげで、あなたは思い切ってスカ
イダイビングに挑戦できる。「100万分の7」と聞くと、一世一代の経
験をした99万9993人ではなく、死んでしまった不幸な7人に目が向
いてしまうから怖くなる。**だが赤い×がついた7語を想像すれば、そ
れほど怖がらずにリスクを受け入れられるはずだ。**

パワーボール宝くじの当選確率は、2億9220万1338分の1です。
〔1〜69の数字を5つと、1〜26の数字を1つ選び、すべて合っていれ
ば当選となる仕組み〕

誰かに「生まれてから9歳になるまでの間のどれか1秒」を頭に浮か
べてもらいましょう。あなたがそれを当てる確率は、パワーボール
に当選する確率と同じです。

この折りたたんだ紙には、アメリカの居住者1人の名前が書かれて
います(ヒント：その人は10歳以上です)。名前を当てたら、賞金があ
なたのものになります。

③抽象的な数字を「もの」の数に変換する

　たくさんのものが集まってできたものを考えよう。たとえばレンガ造りの建物、水滴が集まったバスタブ、単語で書かれた本、歩数を重ねた旅など。

全米芸術基金(NEA)の2016年度の予算額は1億4800万ドルで、アメリカの国家予算(3兆9000億ドル)の0.004%です。批判の高まりを受けて、これを削減すべきでしょうか?

国家予算のバランスを取るためにNEAを廃止するのは、9万語の小説を編集するために4語を削るようなものです(原注㉔)。

④カロリーを日常的な行動に変換する

M&M's チョコレートは1粒あたり4カロリーです。

M&M's 1粒分のカロリーを消費するには、階段2階分を上る必要があります。

プリングルズは1枚あたり約10カロリーです。

プリングルズ1枚分のカロリーを燃やすには210m歩く、つまりサッカーコートの端から端までを往復する必要があります(原注㉟)。

⑤状態を「高さ」に変換する

この論文は世界最大のオンライン学術データベース、ウェブ・オブ・サイエンスの被引用数上位100位に入っています。

「学術論文が膨大な数に上ることを考えると、上位100位の論文は例外中の例外と言えます。ウェブ・オブ・サイエンスには5800万件もの論文が登録されています。これらの論文の最初のページを、引用数が多い順に上から積み重ねた高さをキリマンジャロ山にたとえると、被引用数上位100位に入る論文は、頂上からわずか1cm分に過ぎません。1000回以上引用された論文でさえたった1万4499件、頂上から1.5m分ほどにしかなりません。その一方で、山の裾野は被引用数が1回以下の論文が占め、全論文の約半数がここに入るのです」── ネイチャー・ドットコム（原注㊱）。

　さて、次元をまたぐ翻訳例をいくつか見たところで、ちょっと時間をとって数字の柔軟性を愛でるとしよう。どこかの異星人が、山の高さから移動速度、ゲームの難易度、食品の栄養価、人間の神経の伝達速度、1日の計画、人生の経過、本の売れ行きまでのあらゆることを説明できる単語を人間が持っていると聞いたら、「なんて柔軟な言語なんだ！」と驚くだろう。実際、数字はこれらすべてを表せるのだ。

　仕事で数字を扱い慣れている人でさえ、このことを忘れがちだ。ただし、**「何も言わなくても数字が語ってくれる」と思うかもしれないが、数字をそのまま示しただけでは、そのユニークな柔軟性を十分活かせない**。できる限り工夫して、生活のどんな側面も説明できる、数字の驚異的な力を最大限に活かしていこう。数字を人に説明するときや、自分で理解しようとするとき、この力をいつも忘れないでほしい。

　次のエクササイズをやってみよう。「1％」を説明する方法をいろいろ考えてほしい。1％はありふれた数字だが、実は直感的に理解しにくい。どうやって翻訳すればいいだろう？　どの切り口を使おうか？

　たとえばこんな方法がある。

≫100 ドルのうちの1ドル

≫100年のうちの1年


　2分かけて、いくつか例を考えてみよう。それから下の注に挙げた例も見て参考にしてほしい。※

ピンとこない悪い例

　ロナルド・レーガン大統領は1981年2月、連邦政府の債務残高が史上初めて1兆ドルに達しようとしていたことを議会に説明するために、こんなたとえを挙げた。

> 「10cmの高さの1000ドル札の束を持っている人は、ミリオネア（百万ドル長者）です。1兆ドルは、1000ドル札の束を108kmの高さに積み上げたほどの金額です」


　カリスマ的な説得力を持つことで知られるレーガンは、増え続ける国家債務に警鐘を鳴らそうとした。この取り組みを支えていたのは、政治学者や官僚、スピーチライターなど、アメリカで最も弁が立つ人たちだ。彼らは保守主義的な政策を早急に国民に受け入れてもらう必要があった。その政策はもちろん、大きくなりすぎた政府を支えるために借金を増やすことではなく、小さな政府をめざしていた。世界一雄弁な政治家が三大ネットワークで語る姿を、国民は固唾を呑んで見守った。だがレーガンが選んだたとえは……お札の山だった。

　何かの値段を考えるために、お金を積み上げたことがある人なんているだろうか？　スーパーで「アボカド──5セント玉7.8cm分〔10円玉3cm分〕」なんて広告を見たことはあるだろうか？（原注㊲）（そう、このジョークの数字は検証済みだ※。僕らはオタクだから）。

---

※1%を翻訳する方法、つまり1%を直感的に理解・実感・把握できるかたちに変換する方法の例。100枚入りプリングルズ缶の1枚。2組のトランプの中の1枚。1年のうちの4日。100m走の1m。平均的な長さの映画の1分。
※平均的なアボカドの値段を2ドル〔200円〕、5セント玉の厚さを1.95mm〔10円玉の厚さを1.5mm〕とすると、5セント玉を40枚積み上げた高さは約7.8cm〔10円玉20枚は約3cm〕。

「108kmの高さ」は抽象的だ。そう言われても債務の大きさはピンとこない。この金額をもっとわかりやすく伝えるには、どんなたとえを使えばよかっただろう？

たとえば、もしレーガンが「1」の力を使って、「アメリカの男性、女性、子どもを含む全国民1人あたり4000ドルの借金」、もしくは「1世帯あたり1万2000ドルの借金」と言っていたら、どうだっただろう？

メッセージはずっとはっきり伝わったはずだ。ただ、危機感は半減したかもしれない。当時のほとんどの家庭が、それよりずっと多い債務を抱えていたのだから。1984年の住宅の平均価格は8万ドル。平均的な家庭が頭金20％で住宅ローンを組めば、債務残高は6万4000ドルになる。

国民の危機感を和らげることをレーガンが望んでいたかどうかはわからないが、金額を札束の山に変換するより、1世帯あたりの借金に変換したほうが、党派を超えた議論を促すきっかけになったはずだ。

数字を扱う際には、直感を味方につけよう。直感の力を借りれば、曖昧なものごとを明確に表すことができる。100万と10億を秒に変換すれば、それらの違いが腑に落ちるし、1光年をサッカーコートの長さに変換すれば、光年の概念を理解しやすくなる。

とはいえ、どんな変換でもいいというわけではない。1兆ドルの札束を積み上げても、国家債務に関する建設的な議論を促すことはできなかった。だが意味のある、わかりやすいものごとに変換した適切な翻訳には、人々の考え方や行動を変えるほどの力がある。

スカイダイビングの死亡率を、100万語のハリー・ポッター本の×印がついた7語に変換すれば、「死ぬまでにやりたいことリスト」にスカイダイビングを入れようという気になるかもしれない。数字の翻訳は、飛行機から飛び降りる勇気を与えるほど強力なのだ。

　先ほど紹介したのは、「大気圏の最上層に届くほど高い1兆ドル札の山」という悪い翻訳例だった。実際に一度も見たことがないものは想像しにくい。

　太陽までの距離や、海の体積、エベレスト山の高さなど、スケールが大きすぎて想像できないものがある一方で、ナノ粒子やウイルスの大きさ、韓国の世界的人気グループBTSのコンサートチケットが手に入る確率など、小さすぎて想像できないものもある。**実際に経験できないほど大きいものや小さいものを理解するには、「人間のスケール」に変換するといい。**

　たとえばエベレスト山のサイズ感を理解するにはどうしたらいいだろう？　自分の体がとても小さくなった（が見失わない程度には大きい）と想像してみよう。

　次の真ん中の翻訳例は、もし人間が消しゴムほどの高さだったら、エベレストは7.5階建てのビルほどの高さになるというもの。だがこの高さのビルは意外と見かけない。都会のビルはそれより高いし、郊外のビルはそれより低い。

---

エベレスト山は標高8849mです。

もし人間が消しゴム付き鉛筆の消しゴムほどの高さだったら、エベレスト山は7.5階建てのビルの高さになります（原注㊴）。

もし人間がトランプ6枚を重ねたほどの高さだったら、エベレスト山は郊外の2階建て屋根裏つきの家の高さになります（原注㊴）。

　一番下の翻訳例は、多くの人が日常的に見るものに近い。人間の高さを6枚のトランプの厚さ（変換しやすい1000分の1になる）に縮めると、エベレストは8.85mと、2階建ての家ほどの高さになる。ちなみに世界2位の高峰K2はエベレストより20㎝ほど低い、8.61mになる。

　適切な比較対象を見つけると、ものごとを相対的にとらえられるようになり、新しい気づきが得られる。トランプの束がこれらの建物の足下にもおよばないのはもちろんだが、意外にもカラコルム山脈のK2が、エベレスト山にとても近いことがわかる。

　しかも、高い山はK2だけではない。K2が「K2（カラコルム2号）」と名づけられたのは、周りに高山がたくさんありすぎて、測量者がそれらに測量番号だけ振って、名前をつけようともしなかったからだ。ヒマラヤ山脈には標高7000mを超える山（この例で言えば7m超えの家）は100以上ある。ほかの地域の山は、これらの山々に比べるととても小さく思える。それに、ヒマラヤ山脈はスタート地点からして有利だ。平均標高4500mのチベット高原を「麓」としているのだから。

　アジアの高山が近所の数ブロックを占めている様子を想像してほしい。建物群（山脈）の高さは7.00mから8.85mほどで、一番高い建物がエベレスト山だ。これらの建物が、地上約4.50mにある中庭を囲んでいる。

　この山脈は、ほかの山に比べてどれくらい高いのだろう？　ロッキー山脈最高峰のエルバート山は4.39m〔富士山は3.78m〕で、中庭（チベット高原）の高さにも届かない。アルプス山脈最高峰のモンブランは4.80mで、中庭から頂上がかろうじて30センチ突き出す程度だ。アパラチア山脈最高峰ミッチェル山は2.04mと、普通の人が手を伸ばせばてっぺんに届く高さだ。スコットランド高地はせいぜい1.34mで、トランプの束に比べればずっと高いが、世界最高峰にははるかおよばない。

　設定を考えるのに少し時間がかかったが、この単純な変換のおかげ

で、僕らは世界地理の理解を深めることができた。これまでの数十年間、地図の数字を暗記したり、学校で習ったりしただけではわからなかったことが、初めて腑に落ちた。すべてこの適切な尺度のおかげだ。高すぎるたとえはとっつきにくいし、低すぎると山の違いがわかりづらくなるうえ、人間も6枚のトランプよりも薄い高さになって、視界から消えてしまう。

　ヒューマンスケールの尺度にふさわしいのは、どこにでもある日常的なものだ。具体的で身近なものを使おう。

　前の章のデータを思い出してほしい。地球上の水のうち淡水が占める割合はわずか2.5％で、その99％以上が氷河や雪原に閉じ込められている。つまり、人間や動物が飲めるのはたった0.025％だ。

> 地球上のすべての水がオリンピックサイズのプール1杯分だとすると、人間が飲める水はわずか209リットル、つまり普通の浴槽1杯分でしかありません。

> 地球上のすべての水が2リットルのペットボトル1本分だとすると、人間が飲める水はほんの数滴でしかありません（原注㊵）。

　プールもペットボトルも、パーセンテージの羅列よりはずっといい。だがオリンピックのプールは、具体的だがピンとこない。直接見たり、テレビで見たりしたことはあっても、どれくらい水が入るかはよくわからない。

「オリンピックのプール」「ゾウ」「ジャンボジェット」のようなたとえが使われがちなのは、大きくて目を引くものを好む人間の本能、いわゆる「大きさ至上主義」のせいだ。**大きいものはたしかに心を揺さぶるが、理解が深まるかというとそうではない**。ある程度以上に大きくなると、ただ「すごい！」と感心するだけで終わってしまうのだ。

　さっきのエベレストの例では、大きさ至上主義とは逆の戦略をとって、そびえる山を普通サイズの家に変換した。これがヒューマンスケールの力だ。これまでは山を見ても「すごい！」としか思わなかった人も、この例なら「なるほどそうなのか」と理解できる。

　大きさ至上主義は、ただ尺度がピンとこないだけでなく、日常からかけ離れている。オリンピックのプールに水を入れたり、バスタブから水を飲んだりしたことがある人はほとんどいない。だから自分の経験や記憶に照らし合わせることができない。

　だがペットボトルのたとえはどうだろう？　ペットボトルを見たり、飲んだりしたことは誰にでもあるはずだ。このたとえは想像しやすいし、プール水の塩素の味も想像せずにすむ。

　日常的なものは大きさ至上主義に勝り、複雑な偉業をさらに「すごい」と思わせることができる。次の説明は、ジェフリー・クルーガーの『アポロ８：月への最初のミッションのスリリングな物語』（未邦訳）からの引用だ。

> 安全に大気圏に再突入できる角度の幅は、わずか２度だ。
> 野球のボールとバスケットボールを約7m（バスケットのゴールから3ポイントラインまでの距離）離して置いてみよう。それから紙を1枚用意してほしい。
> 「地球がバスケットボール、月が野球ボールの大きさだとすると、月は地球の7m先にあり、再突入角度の幅は1枚の紙の厚さほどでしかない」。

　この例で正しい尺度を探すのは至難の業だ。重要な要素は４つもある。地球の大きさ、月の大きさ、地球と月の距離、そしてほんのわずかな再突入角度。だが適切な視点があれば、４つすべてをヒューマンスケールに変換できる。角度の幅を厚くしすぎると（たとえばクレジッ

トカードの厚さなど）、月が視界から消えてしまう。

　上記のようなわかりやすく、簡単に考案できる、シンプルな例があれば、NASAの偉業がどれほど困難だったかがよくわかる。なにしろ計算尺の時代にローテクを駆使して、再突入のような精密な活動を成功させたのだから。

　大きい数量を縮小するのと同様に、小さい数量を拡大することもできる。砂漠アリは驚異的なナビゲーション能力を持っている。動物のナビゲーション能力に関する本の一節を読んでみよう。

「砂漠アリは巣から数百m離れた場所までエサを探しに行く。人間で言えば、半径38km圏内を歩き回るようなものだ。それでも砂漠アリはいったんエサを見つけると、巣まで直線的なコースをたどり、誤差1㎝の精度で帰ることができる」（原注㊶）。

「人間で言えば、半径38km圏内を歩き回るようなもの」、つまり、メリーランド州のアメリカ衛生研究所からバージニア州の国防総省までの距離〔京都駅から新大阪駅までの直線距離〕を半径とする円や、ワシントンDC都市圏〔京都府〕よりも広いエリアを歩き回るようなものだ。「それでも砂漠アリはいったんエサを見つけると、巣まで直線的なコースをたどり、誤差1㎝の精度で帰ることができる」──M&M's 1粒分の誤差だ。

　砂漠アリがエサを探して遠くまで歩き回る、といわれてもふーんとしか思わないが、人間サイズに直せば腑に落ちる。そして、ワシントンDC都市圏よりも広いエリアを徘徊できることを知れば、砂漠アリのナビゲーション能力がいかに優れているかがよくわかる。議会議事堂からスタートして、ワシントン記念塔、ホワイトハウス、各国大使館を通り過ぎ、ペンタゴンをあとにし、ホテルの部屋に戻るまでの間

ずっと、どの道を取れば直線的に戻ってこられるかを把握しているのだ。グーグルマップを使う必要もない。

　拡大の例をもう1つ。今度は時間という次元を拡大する。光速と音速の差は、人間にはほとんど感じ取れない。だがこれらを遅くして、光と音が届くまでの時間を延ばしたらどうなるだろう？

光は秒速約30万km、音は時速1,225km（秒速約340m）で進みます。

大晦日の深夜零時に、カウントダウンで巨大な花火が打ち上げられました。花火の光があなたの目に届くのは午前零時の約10秒後とします。とても大きく、これまで見たどれよりも見事な花火です。
- 問題：音が届くまでどれだけ時間がかかるでしょう？（物理法則が働くものとします）
- 答え：光が届くまでに10秒かかるとすると、音が届くのは4月12日、メイフラワーの花が咲き始める頃〔日本の入学式や進級の頃〕です（原注㊷）。

　この拡大によって、どちらの速度もヒューマンスケールになった。光速の「10秒」と音速の「3カ月以上」の両方をわかりやすくする、適切なスタート地点を選ぶのに少々苦労したが、大晦日の夜というぴったりの設定が見つかった。年が明けるまでの1秒1秒をカウントダウンし、その後は日や週、月を数える。

　金額の差も、拡大するとわかりやすくなることがある。

ノースウェスタン大学の研究者によれば、黒人の子育て世帯の資産を1セントとすると、白人の子育て世帯の資産は1ドルになります。

黒人と白人の経済格差を明らかにするために、次の2つのシチュエーションを考えてみましょう。子どもが足を骨折して、1500ドルの医療費を請求されました。典型的な白人家庭は当座預金に2000ドルの残高がありますが、黒人家庭の残高はたった20ドルです。次に、定年を迎えた時のことを考えましょう。白人家庭は50万ドルの貯蓄がありますが、黒人家庭の貯えはたった5000ドルで、とても引退できそうにありません（原注㊸）。

「1ドルに対し何セント」「100円に対し何円」といった比較は、新鮮みがなく頭に残らない。だいいち、1セントと1ドルはそこまで変わらない。どちらの金額でもたいしたものは買えないのだ。どちらもヒューマンスケールに見えるが、人間に大きな経済的影響をおよぼすほどの金額ではない。

　だから、1セントと1ドルを比べる代わりに、「**富の格差が大きな違いを生むような状況**」で、両者を比較するといい。救急診療の費用を工面できるかできないかの違いや、老後の蓄えがあるか数か月間生き延びるだけのお金しかないのかの違いは、とても大きい。

「1ドルに対し何セント」のような割合は、簡単に拡大できる。そもそも割合は拡大、縮小するためにあるのだから。だがそれ以外の場合は別の方法で、小さな量や数をヒューマンスケールに変換してみよう。「目に見えるようになるまで加算」していくのだ。

　ある研究で模範的な教師を調べたところ、彼らは授業の段取りを考えるのに驚くほどの時間をかけていた。たとえば一部の高校の優秀な数学教師は、生徒が教室に入る前に、黒板に「今日の問題」を書いて

いた（「角Aが角Fと等しいことを証明せよ」など）。そして始業のベルと同時にその問題を解説するので、生徒は授業が始まる前に問題を解く習慣ができた。

この方法をもっと多くの教師に広めるには、どう説明したらいいだろう？

授業の前に「今日の問題」を生徒に解かせておくと、ディスカッションの時間が5分増えます。

「1回の授業につき5分増えると、1年で3週間になります。3週間もの余分な時間があったら、どんなにすばらしい実験や興味深いテーマを扱えるでしょう？（原注㊹）。

教師にしてみれば、「1回の授業につき5分」増えても、たいしたことには思えないかもしれない。たった5分じゃ何もできない、と。だが「1年で3週間」に変換すれば、それは現実的な目に見える時間になり、真面目な教師の心をきっととらえるはずだ。3週間余分にあれば、大事なポイントを教える時間がたっぷりできるし、年度内にカリキュラムを終わらせるストレスからも解放される。たった1つの簡単な方法でそれだけの時間が手に入るなら、やってみる価値はあると思えるだろう。

教師でない人にも使える、時間をつくる方法をもう一つ紹介しよう。

平均的なアメリカ人はSNSを1日2時間ほど利用しています。

もし金曜だけはフェイスブックに費やす2時間を別のことに使ったらどうなるでしょう？　5か月で『戦争と平和』を読破できます。ただ金曜にフェイスブックを見ないだけで、それができるのです（原注㊺）。

この方法も、そう難しいことではなさそうだ。SNSを完全にやめるのではなく、1週間のうちの1日だけやめればいい。もちろん、自由な時間が2時間あっても、有意義なことをしようという気力がなければ、大きな変化は起こせないが。

　「フェイスブックの時間を読書に充てる」という、ヒューマンスケールの小さな変化も、積もり積もれば目に見えるほどの大きな成果になる。金曜の2時間が5か月間積み重なったらどれだけの本を読めるかを挙げてみよう。

(1) 『戦争と平和』を読破する（ウォッカの一気飲み勝負に勝たなくても、ロシアの友人をあっと言わせられる）。または、

(2) 『指輪物語』の三部作を読破する（オタクという評判を確立し、世界創造の秘訣を学び、エルフ語を少し話せるようになる）。または、

(3) ブリタニカ百科事典の「史上傑作本」リスト（『グレート・ギャツビー』『ジェーン・エア』『カラー・パープル』『崩れゆく絆』など）の半分を読破できる。

　こうした読書経験は、友人との会話のネタになる。中国語を身につけたり、物理学をマスターしたり、機械工になったりといった人生最大の成果とまではいかなくても、大人としての学習の重要な通過点になる。

　山を縮小するのであれ、時間を足し合わせるのであれ、ヒューマンスケールの手法は、人間がつねに細部にまで注意を払っている、**身の周りの環境になぞらえて説明するから、ものごとをより深く理解するのに役立つ**。とんでもなく大きいものや小さいもの（望遠鏡や顕微鏡でしか見えないもの）のような、明らかにヒューマンスケールを超えるものだけでなく、かろうじて人間が経験できる規模のものにも、十分理解されていないものはたくさんある。

　砂漠アリがエサを求めて数百メートルも歩き回ると聞けば、人間に置き換えなくても、そのナビゲーション能力に感嘆するだろう。だが、それはとても漠然とした称賛だ。ヒューマンスケールに変換すれば、理解と共感がさらに深まる。なんとなくすごいと思っていた砂漠アリに、深い敬意を感じるようになる。砂漠アリは探検家のマゼランや、ロンドンのタクシー運転手と並んで、史上最高のナビゲーターとして歴史に名を刻んでもおかしくないように思える。

　数字を真剣に受け止めてもらえないときは、ヒューマンスケールに縮小／拡大しよう。

# 3章

感情的な数字で
人々の考え方や
行動を変えよう

USE EMOTIONAL NUMBERS

—SURPRISING AND MEANINGFUL—

TO MOVE PEOPLE TO THINK AND

ACT DIFFERENTLY

クリミア戦争後の1850年代、イギリスに新しいタイプの英雄が現れた。クリミア戦争は、戦略的には成功した。イギリス軍はヨーロッパやトルコの軍隊と手を組み、ロシアの南下を阻止することができた。

だがイギリス軍は壊滅的な被害を被った。野戦病院では感染症が蔓延し、傷病兵は十分な治療が受けられないまま放置された。従軍記者の赤裸々な報道によって、この惨状が銃後の人々にも伝えられた。戦時中の1855年、ロンドンのタイムズ紙はこう書いた。「傷口に巻く包帯をつくる布さえないなかで、負傷兵はもだえ苦しみながら死んでいくのである」

兵士たちをこの運命から救った英雄は将軍ではなく、34歳の病院長フローレンス・ナイチンゲールだった。ナイチンゲールは、戦前はロンドンの「恵まれない境遇にある女性家庭教師たちのための病院」で働いていた。裕福な家庭に生まれ育った彼女は、意志が強く、知的好奇心が高く、当時の上流階級の女性に許されていた芸術と音楽にとどまらない、幅広い本格的な教育を求めた。とりつかれたように本を読み、父親から数学、科学、古典の個人授業を受け、ドイツ・ルーテル教会の女性助祭のための病院付研修機関、カイゼルスベルト・ディアコニー学園で医学を学んだ。

1854年、ナイチンゲールは陸軍に志願し、自ら集めた38人の看護師を従えて前線に赴く。戦地で彼女が目にしたのは、驚くほど不衛生な病院のありさまだった。ネズミが院内を走り回り、兵士は血まみれの包帯を巻かれたきり何日も放置されていた。乏しい食事にはカビが生え、腐って悪臭を放つこともあった。

ナイチンゲールは衛生状況を改善するために、寝食を惜しんで働いた。立ったまま食事をすませた。清潔なタオルを送ってほしいと祖国

の人々に呼びかけた。病院内のすべての機器を整備した。食事の品質と栄養価を保つために、食料の補給体制を整えた。データの収集に精を出した。その甲斐あって、戦争が終わるまでに病院の体制は一新され、病院の死亡率は戦争後半になって劇的に低下した。ナイチンゲールは国民的英雄に祭り上げられ、その取り組みは全国紙で華々しく取り上げられた。

　凱旋帰国したナイチンゲールは、自分の使命がクリミア戦争後も続くと考えていた。陸軍全体を巻き込んだ衛生改革なくしては、前線であれほどの犠牲を出した混乱が続き、今後も兵士の命を奪うことは目に見えている。彼女はいまや女王と軍指導者をも動かすほどの影響力と、その主張を裏づけるデータを持っていたが、それでも苦しい戦いが見込まれた。これだけの苦労を重ねたあとも、頭の固い軍高官や医師、貴族、上流階級のお偉方に、従来のやり方には戻れないことを説得するという仕事がまだ残っていたのだ。

　ナイチンゲールや、その友人で医師、統計学者のウィリアム・ファーのような、数字の言語に精通した人々は、数字をそのままのかたちで理解し、味わうことができた。実際、ナイチンゲールはファーに宛てた手紙の中で、退屈な統計報告を送って申し訳ないと謝るファーをたしなめている。「あなたはこの報告が無味乾燥だとおっしゃいます。でもドライであればあるほどよいのです。統計はあらゆる読み物の中で最もドライであるべきなのですから」。それでも、いざ主張を世間に訴えるときになると、ナイチンゲールはデータをドライなままにはしておかなかった。彼女が手紙や論説、証言でデータを示した方法は、鮮やかで説得力に富み、革新的でさえあった。

　だがナイチンゲールは、人々にただ数字を「理解」させるだけでは変革を起こせないことも承知していた。これまでの惰性を打ち破り、クリミア戦争の悲劇を招いた方針を改める必要性を主要関係者に「痛感」させるようなかたちに数字を変換しなくてはならない。人々の行

動を駆り立てる、力強く感情的な数字にするのだ。

　ナイチンゲールは時代を100年先取りして、まずは分母をそろえた。

**原則1 バスケットを小さくそろえる**

開戦から7か月間で、1万3095人中7857人の兵士が命を落としました。

▼

**■ ナイチンゲールの翻訳:**
兵士1000人あたり600人が死亡しました(原注①)。

　ナイチンゲールはまず、ほかの死因と比較しやすいように、数を小さくした。1章で、バスケットはなるべく小さくするよう勧めた。「兵士5人につき3人が死亡」としたほうが、普通の人には腑に落ちる。

　だがその一方で、1章では相手にやさしい数字を使うことも勧めた。軍司令官や政策立案者は、何千、何万人に影響を与えるような決定を下すことに慣れている。またこの数字は、「感情に訴えるものと比較する」という、彼女の最強の手法を使うための布石だった。

　では、ナイチンゲールが最終的に選んだ、感情に訴える比較対象を見てみよう。

**原則2 身近で鮮やかな「比較対象」を使う**

**■ 統計的な翻訳:**
兵士1000人あたり600人が死亡しました。

▼

**■ ナイチンゲールの翻訳:**
「クリミア戦争開始後の7カ月間に、病気だけによる兵士の死亡率は、ロンドンの大疫病の死亡率を超えていました」(原注①)。

ロンドンの大疫病とは、17世紀に猛威を振るった黒死病（腺ペスト）で、イギリス史上最悪の疫病として当時のロンドン市民の記憶にまだ生々しく残っていた。

**原則3 数字を具体的で鮮明にする**

陸軍病院での25歳から35歳までの兵士の死亡率は、平時でも1000人あたり19人。これに対し、ロンドンの一般病院の死亡率は1000人あたり11人でした。

**ナイチンゲールの翻訳：**

「イングランドの前線兵、砲兵、護衛兵の死亡率は、平時でも1000人あたり19人。一般病院の死亡率が1000人あたり11人に過ぎないことを考えると、嘆かわしい限りです。これは年間1100人の兵士をソールズベリー平原の練兵場に並ばせて銃殺するのと同じことなのです」

「兵士を並ばせて銃殺する」とは、これ以上ないほど生々しいイメージだ（感染症で兵士を「失う」という受け身の表現は、切迫感に欠ける）。「1100人」とは、兵士の総数に、陸軍病院の平時の死亡率を掛けて算出した人数。ソールズベリー平原は戦場ではなく、練兵場のある場所だ。有名な観光名所ストーンヘンジの背景に写っているのを見た人もいるだろう。ナイチンゲールはここを —— 遠い異国の戦場ではなく、イギリスの軍事力を誇示するための閲兵式が行われる場所を ——「処刑」の場に設定することで、データをより生々しく、迫真的にしたのだ。

ナイチンゲールは、相手がよく知っているできごとを比較対象に選ぶこともあった。

> 年間1100人もの兵士を、防げたはずの原因で亡くしているのです！

■ **ナイチンゲールの翻訳:**
「バーケンヘッド号の沈没事故で400人の乗客が亡くなったと聞くと、私たちは戦慄します。では年間1100人もの兵士が防げたはずの原因で亡くなっていることを、私たちはどう感じたらいいのでしょう？」

　バーケンヘッド号は19世紀半ばの輸送船で、タイタニックと同じく不沈を謳いながら、海難事故で沈没した。乗っていた400人の兵士は女性と子どもを優先して救命艇に乗せ、自分たちは犠牲になった。

　ちなみに、この事故から、「女性と子ども優先」の行動規範が生まれたと言われるが、事故の最中にこの言い回しが使われたという記録は残っていない。ナイチンゲールは「バーケンヘッド号沈没事故が1年に3回起こるようなもの」とは言わなかったが、その必要はなかった。**「バーケンヘッド号事故よりひどい」と言うだけで、当時の人々には十分伝わったからだ。**

　この鮮明で、情に訴える、ドラマチックで、無味乾燥ではない翻訳が功を奏し、ナイチンゲールは綿密な調査を通して明らかになった構造的問題を、イギリスの最高指導者たちに理解させることができたのだ。

　ナイチンゲールは感情の力を巧みに味方につけた。自分の目的に合わせて、いろいろな感情を想起させるできごとを利用した。ロンドンの過去の大疫病を取り上げた。当時見出しを賑わせていた、バーケンヘッド号の悲劇を引き合いに出した。人を作為的に殺すことと、消極的な放任によって人命を失うことの是非という、現代的な議論を誰よりも先駆けて行い、衛生管理の欠如という単純な問題のせいで年間

1100人もの兵士を見殺しにするのと、ソールズベリーの閲兵式で兵士を銃殺するのは同じことだと軍上層部に訴えた（兵士にとっては、痛みにもだえながら死んでいくより、銃殺で即死したほうが苦しみが少なかったかもしれないが）。

イギリス軍がナイチンゲールの改革案を取り入れると、病気が減り死亡率が低下した。陸軍病院の平均入院日数が減少した。陸軍は「兵士の10％にあたる数のベッドを用意したが、その後の衛生改革のおかげで、5〜6％で事足りるようになった」（原注②）という。ベッドが余ったという知らせに、ナイチンゲールは茶目っ気たっぷりに返した。「病人が減って病院がガラガラになったからと言って、私たちを責めないでくださいね」

ナイチンゲールは不可能だと思われたことを成し遂げた。称号も、議席も、軍の階級も、医学の学位も持たない、ビクトリア朝イギリスの一女性が、貴族や医師、将軍たちのものの見方を一変させたのだ。

ある歴史家はフローレンス・ナイチンゲールを「慈悲深い統計学者」と呼び、彼女が病院で苦しむ人々の恐怖をけっして忘れなかったと書いた（原注③）。彼女は生涯にわたって、こうした兵士たちに寄り添い続けた。

だがいざ人々を説得するときが来ると、自分の気持ちを語って聞かせるようなことはしなかった。これは誰もが陥りがちな落とし穴だ。**自分の気持ちを語りさえすれば、相手も同じ感情を持ってくれると思っている人が多い**。これも一種の知識の呪縛だ。自分がその感情を持つに至った経験を、相手は共有していないかもしれない。また感情任せに語れば、客観性や信憑性に欠けるという印象を与えてしまうおそれがある。

ナイチンゲールはこの落とし穴を避けるために、統計学者としての客観的分析に、感情に訴える物語を組み合わせた。**自分の感情を伝えようとする代わりに、相手がすでに持っている感情に「相乗り」した**

**のだ**。ナイチンゲールが伝えたかったのは、「痛ましい」という感情だ。相手は大疫病やバーケンヘッド号沈没事故などのよく知られたできごとに、痛ましさをすでに感じている。そこで、ゼロからその感情を生み出す代わりに、相手がすでに持っている強い感情を利用して、「陸軍の衛生管理意識の欠如」という現在進行中の問題にも、それらの事件に匹敵する痛ましさを感じてもらえるように、主張を論理的に展開したのだ。

ここでひとつ疑問が浮かぶ。ナイチンゲールは感情に訴える数字を一貫して意図的に利用していたように見えるが、その一方でなぜ、ファーへの手紙の中で「無味乾燥なデータ」を称賛したのだろう？もしかすると、彼女も知識の呪縛にとらわれていたのかもしれない。彼女は感情を伝える数字で人を動かしていたが、それを無意識のうちにやっていたのかもしれない。たとえば、料理上手な人のレシピはわかりにくいことがある。それはコツを出し惜しみするからではなく、料理の初心者を想定して書いていないからだ。

だが「ドライなデータ」を信奉するかどうかは、その人の人となりや信念の問題のようにも思える。数字に強い人が「ドライなデータ」を信頼するのは、主観的な解釈に汚されない、純粋な数学を信用しているからだ。分析的な人は、苦労して算出した数字で人を説得できると信じたがる。

歴史家によれば、ビクトリア朝時代のイギリスでは、統計がまるで宗教のように熱狂的に受け入れられたという。実際、統計の普及には明らかなメリットがあった。簡単な例を1つ挙げると、統計学者のファーとナイチンゲールらが、病院や一般社会での死亡率を表す「1,000人あたり何人」という共通の枠組みを整えたおかげで、「がんより心臓病で死ぬ人のほうが多い」などと言えるようになった。この枠組みができる前は、国民のどれだけが心臓発作や結腸がんで亡くなっているのかという疑問に答えることもできなかった。今でこそ当たり前

のことだが、彼らがととのえた下地が、社会活動家の議論の叩き台となり、政府高官の共通認識となったのだ。

　さいわいナイチンゲールは友人のファーに与えた助言をみずから無視して、感情に訴える方法をもう1つ開拓した。古代ギリシアの哲学者アリストテレスは、説得に必要な要素として「ロゴス（冷静で論理的な主張）」と「パトス（感情に訴える主張）」を挙げた。ナイチンゲールはその中間の方法を見出した。冷静で論理的なデータを、的確で同じくらい痛ましいたとえでくるんだのだ。

　アリストテレスのロゴスとパトスは、一見同時には使えない、折り合わないもののようにも思える。だがナイチンゲールは両者をつなぐことによって、**ロゴスにパトスという油を注いだ。悲痛な数字、無礼な数字、怒れる数字、痛ましい数字を生み出した。**

　ただの数字を見ても、どう考えたらいいのか、どう感じたらいいのかわからないことが多い。2章では適切な尺度を使って、抽象的な数字の意味をわかりやすく伝える方法を説明した。「トルコの面積は78万5000㎢です」よりも、「トルコはカリフォルニア〔日本〕の約2倍の大きさです」のほうが、世界を理解するのに役立つ。

　この3章で紹介するのは、数字によって感情を呼び覚ます方法だ。なぜ感情が重要なのか？　「達成すべきこと」がたくさんあるこの世界で、その中のどの目標を選ぶのか、それをどれくらい熱心に追求するのか、挫折にどう立ち向かうのかを決めているのは、私たちの感情だからだ。あなたも感情的な数字を生み出すための第一歩として、ナイチンゲールがやったように、すでに存在する、感情を呼び覚ますものごとを探してみよう。

> 新しいセンタープレーヤーは身長234cmです〔新しいピッチャーは身長198cmです〕。

⬇

新しいセンタープレーヤーはヤオ・ミンより5cm背が高いです〔新しいピッチャーは大谷翔平より5cm背が高いです〕。

> オレゴン州ポートランドは2011年6月に44℃、46℃と、観測史上最高気温を連日更新しました。

⬇

オレゴン州ポートランドは2011年6月に44℃、46℃と、観測史上最高気温を連日更新しました。これは7月の平均最高気温が46.7℃のカリフォルニア州デスヴァレー（死の谷）に暮らすようなものです。

　ヤオ・ミンは背が高い。シボレー・コルベットは速い。デスヴァレーは暑い。数字で感情を掻き立てるのは、単純な原則さえ覚えていれば意外と簡単だ。その原則とは、「感情を使って感情を生み出す」ということ。**あなたが相手に感じてほしい感情をすでに掻き立てているものごとを探し、なぜそれと同じ感情をあなたの主張に対しても抱くべきなのかを、数字を使って示そう。**

　フローレンス・ナイチンゲールは悲劇的なできごとに相乗りして悲痛な感情を掻き立てたが、この手法はほかのいろいろな場面にも使える。「**高い**」「**速い**」「**暑い**」「**高価**」「**重要**」といった客観的な特徴も、感情を呼び起こすことができる。適切な比較対象を選べば、適切な感情を呼び起こせるのだ。

　次に紹介する例からは、「国立公園の入場者数」というなんでもない数字の評価にも、感情が影響をおよぼすことがわかる。

> グレート・スモーキー山脈国立公園には年間約1250万人の観光客が訪れます。
>
> グレート・スモーキー山脈国立公園はアメリカで最多入場者数を誇る国立公園で、2位のグランド・キャニオンの2倍近くもの観光客を集めています（原注④）。

　グレート・スモーキー山脈国立公園には年間1250万人の観光客が訪れる。

　そう聞いてもたいして心は動かない。よくある反応は、「へー、すごいな」だろう。人は普通の公園に感情を抱くようにはできていない。一方、大衆文化に大きな位置を占めるグランド・キャニオンとくれば、心に響く。「死ぬまでに行きたい場所」に挙げられることも多いし、友人がネットにアップした写真を見たこともあるだろう。

　だがグレート・スモーキー山脈国立公園にはデータという味方があるから、グランド・キャニオンとそれが掻き立てる感情に相乗りできる。年間入場者数が数百万人と言われても、相手は「へー」としか思わない。毎年多くの人が訪れるんだな、と。だがグランド・キャニオンの2倍、イエローストーン公園の3倍となれば、がぜん興味を持ってくれる。

　そうなったらしめたものだ。相手はなぜこの公園が人気を集めているのかを調べるかもしれない。ここは大規模で、アクセスがよく、いろんなルートで行くことができる。主要な高速道路沿いの人口密集地域にあり、ドリーウッド遊園地などの観光地からも近く、おまけに入場料は無料だ。

こうした条件に助けられて、ほかの有名な国立公園の何倍もの入場者を集めていることがわかれば、観光客を呼び込む方法を考え直すヒントになるかもしれない。だが、**注目を集めるためには、まずは普通の「大規模公園」のイメージを覆さなくてはいけない**。

本書で紹介する例では、こうした比較を多用している。スエズ運河をふさいだコンテナ船エヴァーギヴンの大きさは、エンパイア・ステート・ビルという、巨大で注目を集める現実の建物と比較して初めて理解できる。女性CEOの少なさは、日常生活でときたま出くわす「ジェームズ」たちの数と比較して初めて腑に落ちる。マイノリティでない人は、アフリカ系アメリカ人が偏見と差別の中で暮らしていることを知っているが、重罪犯というハンデを負いながら就活してみて初めて、それがどれほど大きな重荷なのかを実感できる。比較は注目を集めるのだ。

## 最上級、比類なきもの

なぜ数字と感情を組み合わせる必要があるのだろう？　これを理解するために、決定的な数字があるのにあまり関心を集めていないものごとを考えてみよう。数字は飛び抜けているのに、「ちょっとすごいのかな」としか思われていないとき、どうしたら相手を動かすことができるだろう？

「最高」や「最大」は、ときに敬意を払われすぎることがある。たしかにエベレストは世界最高峰だが、そのせいで注目を独り占めしてしまうのかもしれない。2章の「2階建ての家」の例で見たように、エベレスト山とK2は実はそれほど差がない。そういった例はたくさんある。バリー・ボンズはハンク・アーロンより通算本塁打数が7本多いが、それはフェンスの高さが1センチ違えばかき消されるほどのわずかな差だ。

感情を理解するという点から見てさらに興味深いのは、「比類なき

もの」、つまり「超」最上級のものが関わる場合だ。比類なきものとは、ほかより群を抜いてすごいものやすばらしいものをいう。そういう数字があるならガンガン強調するべきだ。そんなチャンスを逃す人などいないように思える。

　ところがどっこい、そうではない。

　世界最長の川はナイル川だが、最大の川はアマゾン川だと学校で習った人も多いだろう。そう聞くと、どちらの川も同じくらいすごくて、それぞれが異なる点で優れているのかと思うかもしれない。だが実は、ナイル川はかろうじて世界最長にすぎない。アマゾン川との差はわずかで、測り方によってはアマゾン川を下回る（原注⑤）。他方、アマゾン川の大きさは、流域面積、川幅、水量のいずれの面でもほかに並ぶものがない。

　つまり、アマゾン川は圧倒的大差で世界最大の川なのだ（原注⑥）。２位以下の11本の川のうち、４本がアマゾン川に流れ込んでいる。コンゴ川、ガンジス川、長江を含む残りの７本を束ねて１本の超大河をつくっても、アマゾン川の大きさには遠くおよばない。

　この分析によって、「世界で最も大きく、最も畏敬の念を起こさせる川はどれか」という問題に決着がついた。ライバルの川が束になってもアマゾン川にはかなわないのだ。

　この手法を、自動車の世界に当てはめてみよう。業界に革命を起こしている自動車会社テスラの2021年時点での時価総額は、２位以下のGM、フォード、トヨタ、ホンダ、VWを含む数社の合計を超えていた。この翻訳が、まったく数字を使わずに、すさまじいまでの大差を伝えていることに注目してほしい。**真の超最上級は、（目に見える）数字を使わずに優位を示せるのだ。**

　もう１つの手法として、ハンデをつけても「やすやすと」勝てることを示してもいい。アイスホッケーの伝説的プレイヤー、『ザ・グレイト・ワン』ことウェイン・グレツキーは、NHL（ナショナル・ホッ

ケー・リーグ）史上最多ポイント〔ゴール数とアシスト数の合計〕を誇るが、ゴール数を除いても歴代最多ポイント記録は揺るがない。なぜならアシスト数のほうがずっと多いからだ。グレツキーは優れたソロプレイヤーであるとともに、驚異的なチームプレイヤーでもあった。

　だがライバルとの比較ではすごさが十分伝わらないときもある。そんなときは、まったく違うものと比べてみよう。

## ジャンルを飛び越える

> カリフォルニア州は経済規模でほかの49州を引き離しています。
>
> ⬇
>
> もしカリフォルニア州が独立国家だったら、世界第5位の経済大国になります（原注⑦）。

　カリフォルニア州の経済規模が、次に大きい州をどれだけ引き離していようと、州の経済規模なんてたかが知れている、と思うかもしれない。だがカリフォルニア州が主要国と並んで経済サミットに参加しているところを想像すれば、その影響力の大きさが腑に落ちるというものだ。

　カリフォルニア州を国と比較するような方法を、「ジャンルを飛び越える」手法と呼ぼう。**まったく異なる分類のライバルと比較するのだ。**

　ボディビルダーから俳優になり、その後カリフォルニア州知事に転身したアーノルド・シュワルツェネッガーは、かつての強敵ボディビルダーを評して、「あれは腕じゃない、太ももだ」と言った。

　太ももほど太い腕、国ほど経済力のある州。ジャンルを飛び越えれば、さらに強い感情や称賛を呼び起こせる。

2020年、アップルの時価総額は2兆ドルを超えました。もしアップルが国家で、同社の株主が国民、株式が国富の源泉だったらどうなるか想像してください。アップルの総資産は、世界171カ国のうちの150カ国の富を超えています。ノルウェーや南アフリカ、タイ、サウジアラビアなどの国よりも多いのです（原注⑧）。

巨大企業が政府も手こずるほどの経済力を持っていることを疑う人は、このデータをかみしめてほしい。

あなたの伝えたい数字が1位になれるようなジャンルの中で最大のものを探し、それと比較してみよう。たとえば、「家畜の温室効果ガス排出量」を説明するには、どんなジャンルと比較したらいいだろう？ 都市？ 地域？ 小国？ 大国？ 同じような規模で意外性のあるジャンルを選ぶといい。

家畜の温室効果ガス排出量は、世界全体の排出量の14.5％を占めます。

「もし世界中の牛が集まって国家をつくったら」、世界第3位の温室効果ガス排出大国になります。牛の排出量は、サウジアラビアやオーストラリア、インド、それにEUのどの国よりも多いのです。牛より排出量が多いのは、中国とアメリカだけです」（ノーベル物理学賞受賞者でエネルギー長官のスティーブン・チュウの談話に基づく）（原注⑨）。

上の翻訳を読んでも、**それがどうしたとしか思わない**。畜産業は経済部門の1つだし、「14.5％」は全体のうちのほんの一部分に思える。

だがニューヨーカー誌のライター、タッド・フレンドが、「もし牛が国家をつくったら」と問いかけたとたん、畜牛業界の対策が必須だ

と思えてくる。インドやEU、それにサウジアラビアなどの主要産油国の改革なくしては、地球温暖化を解決できないのと同じだ。こうしてジャンルを飛び越えた比較を行うと、これらの国よりも排出量の多い「牛の国」の改革抜きの対策はあり得ないように思えてくる。

適切なジャンル越えによって、数字に強い人はそのスキルをさらに活かすことができる。数字で考える人は、こうした比喩表現を軽薄だとか曖昧だとか言って嫌うことが多い。だがここに挙げた比較はどれも正当で確かな裏づけがある。**ジャンル越えで異なる領域を巧みに組み合わせれば、新しい発見が生まれる。感情と数字の両方を味方につければ、異なる世界の橋渡しができる**のだ。

## 共鳴する感情を複数組み合わせる

ここまでは、適切な1つの「音符」を見つける方法を説明してきた。つまり、感情がすでにくっついている1つの比較対象を選ぶ手法だ。東京タワーは「高い」、タイタニックは「悲劇的」、6時間のオンライン会議は「くたびれる」、など。こうした感情に相乗りすれば、あなたの数字に対しても同じ感情を呼び起こすことができる。

だが、ときには1つの感情だけでなく感情の交響曲を生み出したい場合もある。さまざまな要素を共鳴させ、どれか1つの要素が呼び起こすよりも深く、奥行きのある感情を呼びさますのだ。

ドワイト・アイゼンハワー大統領が1953年4月16日にアメリカ新聞編集者協会において行った、有名な「平和への可能性」の演説がその好例だ。

> 1丁の銃をつくるのも、1隻の軍艦を進水させるのも、1発のロケットを発射するのも、つきつめれば、食べものがなく飢えている人や、着るものがなく寒さに震えている人から盗むのと同じことです。

軍国主義は、ただ資金を無駄にするというだけではありません。労働者の汗と科学者の才能、子どもたちの希望を踏みにじるのです。最新式の重爆撃機1機分の費用があれば、30以上の都市に近代的なレンガ造りの学校を1校ずつ建設できます。6万人に電力を供給する発電所を2基建設できます。完全な設備を備えた立派な病院を2軒建てられます。50マイル（約80キロ）のコンクリート舗装道路を敷設できます。

戦闘機1機分の費用で、50万ブッシェル（約1万3600トン）の小麦を購入できます。駆逐艦一隻分の費用で、8000人以上が住める住宅を建設できます。（中略）これはいかなる意味でも、よい生き方とはとうてい言えません。戦争の暗雲が立ち込めるなか、鉄の十字架に磔になって吊るされた人類の姿なのです（原注⑩）。

　アイゼンハワー大統領は数字を具体的なものに変換したという点で、すでに時代の先を行っていた。戦争費用をただ金額で示す代わりに、生活を大きく好転させる現実のものに変換してみせた。だが彼の演説は、ただ雑多な要素を寄せ集めただけではなかった。学校、発電所、病院、道路の一つひとつは、予算の1項目でしかない。しかしそれらをまとめて示せば、よりよい社会、よりよい生き方のように見えてくる。

　この手法のコツは、**お互いを補完する程度には似ているが、くどくどしくならない程度には異なるものを選ぶ**ことだ。ジョン・レノンが4人や、ポール・マッカートニーが4人集まっても、ビートルズにはならない。ビートルズがあれほど成功できたのは、それぞれのメンバーの個性や才能がお互いを補完したからだ。

　**「調和の取れた1つのまとまりを比較対象にする」**というこの手法は、アメリカの戦後復興ほど壮大ではないテーマにも使える。たとえば砂糖のような単純な例を見てみよう。

　ジュースを3、4個のドーナツや11個の角砂糖と比較しても、そ
れほどのインパクトはない。4個のドーナツは多いが、食べられない
ほどではない。11個の角砂糖は多いが、ピンとこない。馬でもない
限り角砂糖のままでは食べないだろう。

　だがドーナツと角砂糖を組み合わせれば、注目を引くことができる。
ドーナツ3個でもすでに大人には甘すぎるし、食べたあとで不健康に
感じる。そこへさらに4個の角砂糖をボリボリ食べるのだ。この病的
なシンフォニーのメッセージは明らかだ――「クランベリー」「アッ
プル」と謳われているが、これは健康的な飲み物ではない。

　別の翻訳例として、「オーシャンスプレー・クランベリーアップル
ジュースには、コカ・コーラとほぼ同量の砂糖が含まれています」と
言うこともできる。これを聞いた人は驚くかもしれないが、実際にど
れだけの砂糖が含まれているのかはわからない。それに、砂糖の量は
まったく同じではない。じつは同じ355㎖で比べると、クランベリー
アップルジュースのほうが小さじ1杯分多いのだ。誰かがコーラの缶
を開け、そこに小さじ1杯の砂糖を入れてかき混ぜる様子を想像して
みよう。

　感情に訴える組み合わせは、ナイチンゲールの例からわかるように、

深刻な問題にも使える。たとえば現代の医学的問題にも利用できる。次の例は、ある見過ごされがちな死因を予防する方法を呼びかけるメッセージだ。

> アメリカでは毎年27万人が敗血症〔感染症による臓器障害〕で亡くなっています（原注⑫）。北カリフォルニアの病院兼保険機関カイザーパーマネンテは、敗血症による死亡を55％も減らす対策を最近開発しました（原注⑬）。これが全米に導入されれば、年間で14万7000人もの死を防ぐことができます。なんと、毎年乳がんで亡くなる女性と前立腺がんで亡くなる男性を合わせたよりも多くの命を救うことができるのです（原注⑭）。

　前立腺がんと乳がんの死亡者数は、それぞれ単独でも重く感じられるが、これら2つを組み合わせることによって、性別にかかわらずすべての人に、「あなたにも影響する問題ですよ」というメッセージを伝えられる。乳がんはアメリカ人女性の死因の2位、前立腺がんはアメリカ人男性の死因の2位と、どちらのがんも同じくらい深刻だ。またどちらのがんも、がん患者支援の行進や寄付運動、意識向上月間やリボン運動などの啓発活動があり、アメリカ文化における位置づけも似ている。

　もしこれらの両方のがんで亡くなったすべての人の命を救えていたらどうだろう？　そう考えると、この対策のすばらしさが腑に落ちる。それだけ多くの（また今後もさらに多くの）人を救う対策がすでに開発されたことが伝われば、返ってくる反応はただ一つ、「今すぐやろう！」だ。

　ただし、次の例に示すように、「シンフォニー」も下手をすると「不協和音」になる。たとえばあなたが起業家で、人口500万人以上の大都市の住民向けの製品を開発したとしよう。あなたは、今後中国に目を向けるべきだと、チームに伝えたい。

中国の六大都市の人口は、東京、デリー、ソウル、マニラ、ムンバイ、サンパウロ、メキシコシティ、カイロ、ロサンゼルスの人口の合計とほぼ同じです（原注⑮）。

　これではシンフォニーというより、耳障りな雑音だ。相手は「マニラ」まで聞いた時点で、頭の中がごちゃごちゃになっている。場所がまったく違う（海を隔てた遠い場所にある）都市がどんどん追加されていき、頭の中で１つにまとまらない。「東京、デリー、ソウル、マニラ、ムンバイ、サンパウロ、メキシコシティ、カイロ、ロサンゼルスの共通点は？」という問いは、答えのない、イラッとするなぞなぞのようだ。
　もっと単純な翻訳例を見てみよう。

　当社が進出する価値のある都市は、西ヨーロッパにはロンドン、パリ、マドリード、バルセロナの４つしかありません。でも中国にはバルセロナより大きい都市が17あり、そのうち６つはロンドンやパリよりも大きいのです。

　この翻訳例に登場するのはヨーロッパの４都市だけで、しかもそれらは１つのまとまりをなしている。これらは何世紀にもわたって交流がある都市で、それぞれがヨーロッパ文化の一翼を担っている。またこの例のよいところは、一般通念に疑問を投げかける点だ。西ヨーロッパの大都市を取り上げた本や映画はどれだけあるだろう？　これらの都市は、訪れたことがない人でもよく知っている。
　これに対し、中国の17大都市はおろか、６大都市を挙げられる人がどれだけいるだろう？※　グローバルな視点を持つ人や組織は、中国やアジアについて学ぶべきことが多いことを理解している。

※やってみよう。哈爾浜(ハルビン)、蘇州、瀋陽、仏山、杭州、東莞は、どれもバルセロナより人口が20〜40％多いというのに、ほとんどのアメリカ人はそれらの存在さえ知らない（ヨーロッパの人がフィラデルフィアやマイアミ、ダラスを知らないのと同じ）。ロンドンとパリよりも大きい中国の6大都市は、上海、北京、重慶、天津、広州、深圳だ（これらを知らないのは、アメリカ人以外がニューヨークやロサンゼルスを知らないのと同じ）。

## 「これはあなたの問題です」方式

　人間の脳内には複雑に入り組んだ情報や記憶のネットワークがあり、私たちはその中の情報にいろいろな方法でアクセスしている。**新しい情報は、脳内にすでに存在するネットワークと緊密につながればつながるほど、記憶に残りやすくなる。**知らない誰かのエピソードは既存のネットワークとのつながりが薄く忘れやすいが、親戚にまつわる噂話はけっして忘れない。

　そして脳内にはほかより飛び抜けて大きくてアクセスしやすい、複雑なネットワークが1つある。私たちは生まれてからこの方、自分のことをずっと考え続けている（思春期は自分のことしか考えられなかった！）。そんなわけで、**自分と関係のある新しい情報は、脳内でより容易に丁寧に処理される。**

　コミュニケーションの名手は、抽象的なものごとを相手と結びつけるのがうまい。たとえばロースクールの教授が新入生に、課題や試験が大変だから手を抜かずに頑張るようにとハッパをかける場合を考えてみよう。「1年生の留年率は33％です」は、抽象的なデータでしかない。「あなたの両隣の人を見てください。あなた方3人のうちの1人は来年の秋に進級できませんよ」なら、自分のことのように思える。だから奮起する。

アメリカ人が1年間に何らかの精神疾患を発症する確率は20％、一生のうちに精神疾患と診断される確率は50％です。

会議のテーブルを囲む人たちにこう言おう。「ここにいる5人に1人が、今後1年間に何らかの精神疾患と診断されるでしょう。あなたか向かいの人のどちらかが、一生のうちに精神疾患と診断されるでしょう」（原注⑯）。

たとえ自分とはまったく無縁な数字を示されとしても、うまい翻訳例なら、「自分の人生にどう影響するだろう?」と考えさせられる。違う状況に置かれた自分を想像するのは興味深いことなのだ。

　次の例では、開発経済学者がケニアの家族の貧困を人々にわかってもらおうとしている。たとえば、収入の大半が食費に消えていく様子を相手に想像させるのも一つの手だ。

ケニアの1世帯あたりの平均年収は約7000ドル(アメリカは6万8000ドル)です。ケニア人はその約50%を食費に充てています。

もしあなたが1週間の収入のうち、ケニア人と同じ割合を食費に充てるとすると、7日分の食費として650ドルを、トウモロコシ粉の粥やすりつぶしたジャガイモと豆のような食事に費やすことになります。食費がこれほど家計を圧迫したら、ほかの費用を工面するのはどんなに大変でしょう?

　一般に所得が増えるにつれ、家計に占める食費や住居費などの生活に最低限必要な支出の割合が減り、教育費や交通費などの割合が増えていく(原注⑰)。

　相手はたいてい、話し手の頭の中の「旅」に喜んでつき合ってくれる。次の思考実験では、相手自身が階段を上っている様子を想像してもらうことで、よりドラマチックな効果を生み、相手の注意を物語に引きつける。

ジェフ・ベゾスの個人資産は1980億ドルです。

階段の1段1段が10万ドルの銀行預金だとしましょう。アメリカ人の2人に1人、世界全体では89%の人が、1段目にも届きません。

4段目に上がると、アメリカ人の75%を見下ろすことになります。10段目の100万ドルに届く人は、10人に1人もいません。ここで、歩きやすいウォーキング用のシューズに履き替えてください。ビリオネアにたどり着くまでには、3時間近く階段を上り続けなくてはなりません。

2か月間、毎日9時間上り続ければ、あなたはアイアンマン並みの大腿四頭筋を手に入れて、ジェフ・ベゾスにたどり着けるでしょう（原注⑱）。

　自分がアイアンマン並みの大腿四頭筋を持っているところを想像すれば、ジェフ・ベゾスの個人資産を知らない友人にもこの話を教えたくなるはずだ。

　こういった次々と展開していく物語に、クリアするたび成果や報酬が得られる、ビデオゲーム風の「ステージ」を加えれば、さらに効果が高くなる。

あなたが典型的なアメリカ人のように、典型的な燃費の車を毎日約64km運転しているなら、その車をハイブリッド車のプリウスに変えるだけでガソリン代を50%節約できます。

あなたが典型的なアメリカ人のように、典型的な燃費の車を毎日約64km運転しているなら、その車をプリウスに変えるだけで、1カ月後には節約したお金で誰かに高級ディナーをごちそうできるでしょう。6カ月後には、週末の小旅行に出かけるか、スマートウォッチを買えるでしょう。1年後には、ジムの年会費を払えるでしょう（原注⑲）。

　あなたの伝えたい情報に、相手が感情移入しやすい側面があるなら、

その側面をぜひ活用しよう。それが相手に直接関わることでなくても、相手は思考実験につき合い、「もし自分がその立場だったら」と想像してくれるものだ。どんなデータでも、それを利用して、相手に自分が動いている様子や、そこから得られる利益（または不利益）を想像させることができれば、そのデータをずっと興味深く感じてもらえる。

## データを「動詞」に変換する

「月までの距離」や「3871段の階段」は具体的に思えても、自分の感覚や記憶に照らし合わせることができなければ、実際のところどういうものなのかはピンと来ない。

　大きなものを具体化するには、前にも説明したように身近な動作に変換するといい。相手に自分が動いている様子を想像させる、つまり「動詞」に変換して、具体化しよう。

## 「デモ」を示して身近に感じさせる

　実際に経験したことは、ただ聞いただけのことよりも深く、容易に記憶される。そして、**それは物語になり、記憶され繰り返し語られる。**「今日の会議はどうだった？」と人に聞かれたとき、「棒グラフを見たよ」では物語にならないが、「電線の長さ分の距離を5分間往復したよ」なら物語になる。

産業用ロボットのプログラミングで現在使われているOSは、1969年に開発された。これが信じられないほど時代遅れだということを、どうしたらわかってもらえるだろう？

聴衆が部屋に入ってきたら、1969年のヒットソングを流してこう言おう。「この曲はロックの古典と呼ばれています。あなたは古典的なテクノロジーを使いたいと思いますか？」

音楽にビジュアルも加えよう。1969年製造の車やトランジスタラジオ、コンピュータ、黒電話、ダイヤル式テレビの広告を見せて、こう言おう。「テレビの放送を見逃したら二度と見られませんよ」。

　ちなみに、「1969年のヒットソング」にもいろいろある。忘れられた曲もある。たとえばこの年のナンバーワンヒット「シュガー・シュガー」を歌っていたアーチーズは架空のバンドで、朝8時に起きなければ見られないアニメのキャラクターだった。当時はストリーミングやユーチューブはもちろん、番組録画システムのティーボもビデオテープもなかったから、放送を見逃したら二度と見ることはできなかった。

　その一方で、歌い継がれている歌もある。ビートルズの「ゲット・バック」、ローリング・ストーンズの「ホンキー・トンク・ウィメン」、B・J・トーマスの「心の中まで」。マイケル・ジャクソンもシングルヒットを飛ばしていた（ジャクソン5の「アイ・ウォント・ユー・バック」）が、彼はまだファミリーバンドの11歳のフロントマンだったし、当時ムーンウォークといえば宇宙飛行士のニール・アームストロングだった〔1969年頃の日本のヒット曲には、由紀さおりの『夜明けのスキャット』、森進一の『港町ブルース』、いしだあゆみの『ブルー・ライト・ヨコハマ』、ピンキーとキラーズの『恋の季節』などがある〕。

　要するに、当時は今とはまったく違う時代だった。それなのに、世界の産業用ロボットの大半を今も動かしているのは、この時代に開発されたソフトウェアなのだ。当時の音楽を流せば、記憶やノスタルジアを掻き立て、若者には「ああ、おばあちゃんが聴くような曲ね」とわかってもらえるから、ただ数字を見せるだけよりも「古くささ」が伝わりやすい。

　時間に余裕があって、アイデアをさらに相手の胸に焼きつけたい場

合は、一番下の例のような、五感全体で感じる「デモ」の手法を使お
う。この例では視覚や聴覚、触覚などを総動員して当時の様子を伝え
た。こうした臨場感あふれる「デモ」を経験しながら、「いや、当時
のテクノロジーで十分だ」と思う人はいないだろう。

データを「体感」させる

　聞いたことは忘れやすい。見たことのほうが記憶に残りやすい。だ
が体で感じたことは経験となって、記憶や本能にさらに深く刻み込ま
れる。

　グレース・ホッパーは1マイクロ秒を無駄にすることの恐ろしさを
示すために、電気信号が1マイクロ秒間に進む長さの電線をプログラ
マーに見せた。1マイクロ秒は速すぎて体感できない。だが300mの
電線があれば、いやでも目につく。コンピュータ黎明期の当時、資源
や時間は希少だった。このデモのおかげで、プログラマーは直接見る
ことができない時間の無駄を意識するようになった。

　ホッパーは300mの電線によって数字を可視化した。だがもう一歩
踏み込んで、プログラマーにその距離を体感させれば、デモはさらに
記憶に残りやすくなったはずだ。たとえばプログラマーを2人ずつの
組にして、この距離を二人三脚競争させたらどうだろう？　どんなに
屈強な海軍士官候補生でも（ホッパーはプログラマーであるとともに、
海軍准将でもあった）、300mを二人三脚するのは大変だ。そして、こ
う念を押せばいい。「今競走した距離は、電気信号が1マイクロ秒間
に進む距離です。けっして無駄にしないように！」

　また、普通の学生が相手なら、教室の対角に2人の学生を立たせ、
3人目はその間を往復して、300mの電線を2人に巻きつけていくなど。
これに要する時間は約5分 ── メッセージがしみ込むのに十分な時間
だ。

　「1マイクロ秒」という言葉、実物の電線、その距離の歩行とレベル

が上がるたびに、データはますます理解しやすく、無視できなくなっていく。

　次の例は「数分の1秒」という、観察はできるが、経験しなければ実感できない時間の翻訳例だ。

> バッターがボールを打つか打たないかを判断する時間は250ミリ秒（0.25秒）、スイングにかかる時間はわずか150ミリ秒（0.15秒）です。
>
> 「1秒間にできるだけ速く拍手してみましょう。ほとんどの人は4、5回でしょう。メジャーリーグのバッターは、拍手1回分の時間で、バットを振るかどうかを判断します。2回拍手し終えるまでに、勝負はついています」（原注⑳）。
> さらに効果を上げるには：どれだけ速いかをわかってもらうために、聴衆の中からバッター役とピッチャー役を1人ずつ選び、ピッチャーに1秒間に4回拍手する練習をしてもらおう。バッターは立ったまま目を閉じ、野球のバットを構えるふりをする。準備ができたら、ピッチャーは「これから投げるよ」と言って、ほんの少し間を置いてから2回拍手する。この間に勝負はついた。

　デモは、相手に覚えて帰ってもらいたい要点やひらめきを強調するために使うのが効果的だ。僕らの友人はリトルリーグ時代に、時速110km超えの速球を投げる6年生の怪物ピッチャーへの対策として、監督に実際にこの練習をさせられたという（普通の6年生は80km級の球を打つ練習をするから、110km超えの速球を打つのは体が成長する前に高校生のチームに入れられるようなものだ）。

　監督はその練習でどんなことを教えようとしたのだろう？　「君はこれくらい速く反応し、これくらい速くバットを振る必要がある。速く反応できるように準備しなくてはいけないが、それでも球を打てる

確率は高くない。最初の拍手を聞いた時点ですでにバットを振り始めていないなら、振ってはいけない。打てなくてもがっかりするんじゃないよ。それは君のせいじゃない、物理的な制約のせいなんだから」

もう一つ、陸上競技から例を挙げよう。オリンピック走者の勝敗は僅差で決まる。

2016年リオデジャネイロ五輪の陸上男子200m決勝は、ウサイン・ボルトが19秒78で制しました。2位の選手はボルトの0.24秒後、3位から7位までの選手はその後の0.21秒間にゴールを切りました。最後の走者は20秒43でフィニッシュしました。

1秒間にできるだけ速く拍手してください。ほとんどの人は4回がせいぜいです。これをもとに、レースの結果を見てみましょう。
1回目の拍手：ボルトが優勝。
2回目：2位の選手がゴールを切り、3位から7位までの選手も次々とゴールイン。
3回目：200m走世界8位の選手が1人だけ遅れてゴールを切り、レースは終了(原注㉑)。

次は僕（チップ・ヒース）の友人が大学2年生のときに考えたデモだ。この年、全米芸術基金（NEA）は苦境にあった。反宗教的とみなされる芸術作品の作者を支援して、批判の矢面に立たされたのだ。友人は政治学専攻でもない工学部生だったが、連邦政府の予算と支出について、そこらの政治評論家に負けないほどよく理解していた。

2016年度に全米芸術基金(NEA)に配分された予算は、1億4800万ドル。これはアメリカの国家予算全体(3兆9000億ドル)の0.004%です。

国民の税金が、冒瀆的な芸術作品に不適切に配分されたと文句を言う人へのひとこと。「年収6万ドルの人が支払う連邦所得税は約6300ドル、そのうちNEAに配分されるのは25セントだ。僕から君に25セントを返すから、もう文句は言わないでくれ」(原注㉒)。

　25セントを受け取る人は、自分が「デモ」に参加していることに最後まで気づかない。NEAの予算には問題があると思っている人も、チップ（心付け）にもならない、はした金の25セントに憤慨するわけにはいかない。今度路上ライブに1ドルの投げ銭をしたら、NEAの予算を4倍にしてもいいか……と思い直すかもしれない。

## 誰かを「指名」する

　行動科学によれば、人は身近で具体的なものにとくに注意を引かれるという。「何人のうちの何％」や「何割の人」といったデータは、パッと聞いて現実的に感じられないし、自分に関係があるようにも思えない。だが自分や身近な人の身に起こることは、とても現実的に感じられる。だからロースクールの教授は、ただ留年率を伝える代わりに、「あなた方の3人のうちの1人は進級できません」と言うのだ。自分に関わる問題だと相手に思ってもらうには、「置き換え」と「ロールプレイング」の手法で当事者意識を持たせるといい。

　ニュージャージー州の高校教師ニコラス・フェローニは、連邦議会の男女格差がおよぼす影響を男子生徒に理解してもらうために、次のエクササイズを考案した。

男性議員が73％を占める連邦議会が、女性の生活に直結する法案を頻繁に成立させています。

大勢の聴衆がいるなら、その中から女性3人と男性1人を選んで、男性に不利な政策を投票で決めさせよう（原注㉓）。

男女比をただ反転させるだけで、男性を憤慨させ、そして女性を取り巻く現状と現実に気づかせることができる。

次は別方向への反転によって、相手に富のピラミッドの頂点に立った自分を想像してもらおう。

アマゾン創業者ジェフ・ベゾスの純資産は2020年の1年間で750億ドル増えました。

2万5000ドルという金額について考えてみましょう。これだけの金額を稼ぐのに、あなたは何週間働く必要がありますか？　2万5000ドル手に入ったら、あなたの生活はどう変わるでしょう？やっと借金を返せるでしょうか？　2万5000ドルあったら、何人分の食費や家賃、医療費を払い、生活を助けてあげられるでしょう？
あなたがここまでを読んだ11秒間に、ジェフ・ベゾスはそれだけのお金を稼いでいるのです（原注㉔）。

このデモは、理解してもらうのに少々時間がかかるが、いったん理解されると強烈なインパクトを与える。これだけのお金、人生を変えるほどのお金を持っていたら……と想像する間に、大富豪のベゾスは実際にその金額を稼ぐのだ。考えるのに時間をかければかけるほど、ベゾスのお金はますます増えていく。

このデモを通して1人の人間に富が集中していることを知れば、多くの人が憤慨するだろう。他方、ベゾスの業績を考えればそれだけの利益を得るのは当然だと思う人もいるかもしれない。だがどう感じよ

うと、世界一の大富豪が一般的な金持ちのイメージとかけ離れている
のは間違いない。なにしろ人間が直感的に理解できないほどの金額を
稼いでいるのだから。

## 言葉に表せないものを見せる

デモによって、スライド資料に収まらないほど複雑な数の集合をわ
かりやすく説明できる場合もある。僕たちのお気に入りのエピソード
を紹介しよう。

大手メーカーで働くジョン・ステグナーは、自社の非効率な購買管
理システムのせいで巨額の無駄が発生していることを知らしめる、巧
妙な方法を考え出した。

「当社の非効率な購買システムのせいで、数百万、数千万ドルが無駄
になっています。分析結果を9枚のスプレッドシートにまとめました」

「当社が現在購入している、424種類の手袋のコレクションを見に
来てください。しかもこれは、当社が購入している膨大な商品のう
ちのたった一例なのです」(原注㉕)

ステグナーはまず、会社が購入している膨大な製品の中から「手袋」
を選んだ。組み立てラインの作業員が尖ったものや熱いものを扱う際
に、ケガ防止のために着用する手袋だ。そして夏休みのインターン生
にすべての種類の手袋を集めてもらったところ、会社の全工場で購入
している手袋は424種類に上ったうえ、同じにしか見えない手袋に
まったく違う金額を支払っていることがわかった。これらすべての
データを1枚のスプレッドシートにまとめるのは大変だし、文章やス
ピーチに盛り込むのは不可能だ。

だがステグナーは、複雑なデータとシンプルなメッセージを同時に

伝える、ごく簡単な方法を思いついた。インターンに頼んで、全種類の手袋を1組ずつ集めてそれぞれに値札をつけてもらい、それを会議室のテーブルに積み上げた。それから各部門のトップを一人ずつ招いて、この「手袋神殿」を拝ませたのだ。これをひと目見た人もじっくり見た人も、誰もが手袋の購買システムを見直す必要があることを痛感した。黒い手袋には3ドル22セントの値札が、その隣のまったく同じに見える手袋には10ドル55セントの値札がついている。「手袋神殿」は現状を物理的に示したから、誰も否定できなかった。

　誰もが手袋の神殿を見た瞬間、ある疑問を —— ステグナーが提起しようとした疑問を —— 持った。「手袋だけでこれだけの金額が無駄になっているのなら、ほかにどんな無駄があるのだろう?」

　このデモはやがて「全社巡業」になり、重役室から工場現場までのあらゆる場所を回った。すぐに経営陣全員が、購買プロセスを刷新する必要性を理解した。ステグナーは必死に説得して回る必要もなかった。手袋の神殿には誰も反論できない。

　まさにこれがデモの効果だ。ドライなデータでは「ほんとにこれだけの種類の手袋を買っているのか!?」とは思ってもらえないし、「ほかにどんな無駄があるのだろう?」という当事者意識も持ってもらえない。

　数字を動作で表したり、数字を具体化したものを見たり感じたりすると、300mがどれくらいの距離なのか、時速110km超えの速球に立ち向かうのがどれだけ恐ろしいことなのか、424種類の手袋がどんなに無駄なのか、1969年がどれほど遠い昔なのか(1969年を実際に経験している人、ごめんなさい)が初めて腑に落ちる。数字で人を動かすには、数字を身近に引き寄せて、間近に見せ、直に経験させるのがいちばんだ。

## 数字を「展開するプロセス」に変換して「麻痺」を防ぐ

　シリコンバレーのベンチャーキャピタル（VC）が1999年から2001年までに投資した金額は、1998年までの投資総額の4倍を上回る、2040億ドルだった（原注㉖）。VCは業界の平均利益率18％を今後も維持し、この投資によって2012年までに1兆3000億ドルの利益を生み出せるのだろうか？　「1兆3000億ドル」は莫大な金額だが、VCにはこれまでインテルやアップル、シスコ、ネットスケープといった巨大企業を生み出してきた実績があったから、実現の可能性があるのかないのかは判断しにくかった。

　するとフォーチュン誌のライターが、これを一連のプロセスに変換して説明した。

> VCは現在の規模の投資でも高い利益率を維持できるのだろうか？　2040億ドルの投資に対し、2012年までに1兆3000億ドルの利益を上げなくてはならない。

> 「こう考えてみよう。イーベイはドットコムブームの数少ない成功例の1つだ。イーベイの時価総額は一時160億ドルに達し、同社に投資したベンチマーク・キャピタルは40億ドルを超える利益を得た。では、VCが18％の利益率を今後10年間維持するには、イーベイ級の会社を何社上場させる必要があるだろう？　325社以上だ。つまり今から2012年までの間、イーベイ級の会社を10日ごとに1社上場させ続けなくてはならない」

　もう少し最近の例を挙げれば、「今後8年にわたって、フェイスブック級の会社を毎月3社ずつ上場させる」ことに相当する。つまり「そ

んなのあり得ない！」となる。この翻訳例は、わかりやすい段階を踏んで答えを示し、最後に強烈なオチをつけている。

　数字が大きくなればなるほど、感情が反応しなくなっていく。これは「心理的麻痺」と呼ばれる現象だ。心理学者のポール・スロヴィックは、災害の犠牲者が増えるにつれ同情心が薄れていくことを示した（原注㉗）。人間は、**多くのものを意味のあるものとしてとらえるのが苦手なのだ**。最初の１億円を稼いだときには感動しても、それが６回も続けば感動は薄れ、57億円に届いたときは気づきもしない。

　大きな数字を「すごい」と思ってもらうには、「展開するプロセス」に変換するといい。１億円稼ぐたびに、最初の１億円を稼いだときと同じ感動が得られるようにしよう。

## 「プロセスが展開する様子」を示す

アメリカで民間に出回っている銃は４億丁を超えます。つまりすべての男性、女性、子どもに１丁ずつ配っても、まだ7000万丁余るのです。

アメリカで民間に出回っている銃は４億丁を超えます。つまりすべての男性、女性、子どもに１丁ずつ配っても、今後20年間にアメリカで生まれるすべての赤ちゃんに１丁ずつ配れるだけの銃が余るのです（原注㉘）。

　上は29ページで紹介した翻訳例だ。アメリカのすべての男性、女性、子どもに１丁ずつ配ると、３億3000万丁になる。だが残りの7000万丁をさらに別のプロセスに変換することで、それがどれほど多いのかをさらに実感できる。

## 身近な動作を「積み重ねる」

　日常的な動作や習慣、プロセスをうまく利用すれば、相手に直接経験したことのないものごとを想像させることができる。

　これは太古の昔から用いられてきた方法だ。人類学者が世界の文化の「距離を表す尺度」を調べたところ、その多くに何らかの「動作」が関わっていることがわかった。

　たとえばインド洋のニコバル諸島では「ヤング（未熟な）ココナッツの果汁を飲み干す間に歩く距離」という尺度が使われている（原注㉙）。東南アジアのカレン族は、「ビンロウの実を噛む時間」で距離を測る。フィンランド北部のラップランドに暮らすサーミ族は、とくに優雅な尺度を持っている。数日間の移動距離は「人間日」（人間が1日に進む距離）で測るが、それより長い距離は「トナカイ日」や「オオカミ日」（最大の単位）で表す。だがサーミ族にとって最も身近な尺度、そして英語にも痛切に必要な尺度は、日帰りの距離を表すものだ。彼らは「コーヒーを飲むために止まる回数」で距離を測っている。

　**日常的な動作で距離を表すことのメリットは、面倒な計算や変換をしなくても、その動作を想像するだけで距離感をつかめる**ことだ。

　この複雑な現代社会でも、同じ手法が使える。数字を一連の単純な動作に変換して、筋肉に刻み込まれた記憶を呼び覚まそう。

「サンフランシスコの水道水は、ヨセミテ国立公園から引いています。水質は非常に良く、環境保護庁はサンフランシスコ市に水道水の濾過を義務づけていません。エビアンのボトル1本の価格は1ドル35セント。そのお金があれば、ボトルをサンフランシスコの水道水で1日1回ずつ、10年5カ月21日にわたって補充し続けることができます」(原注㉚)。

　次の簡単な変換は、大きすぎてピンとこない数を、忘れられないプロセスに変える。

シックスシグマとは、ミスや欠陥の発生率を100万分の3.4以下に抑える品質管理手法です。

菓子店がシックスシグマを達成するとは、チョコチップクッキーを毎晩24枚ずつ37年間焼き続け、焦げたクッキーまたは生焼けのクッキーまたはチョコチップの数が適正でないクッキーを1枚も出さないということです(原注㉛)。

　100万個といわれても直感的に理解できないが、「焼く」というプロセスに変換すれば、シックスシグマの精度がいかに高いかが、普通の人でも理解しやすくなる。この手法は相手に合わせて、いろいろなプロセスや尺度に簡単に適用できる。たとえばメジャーリーグのピッチャーなら、「98シーズン投げ続けて、ストライクゾーンを1球も外さないこと（かつ1本もヒットを許さず、毎シーズン20回以上ジェム〔先発投手として6イニングを自責点3以内に抑える〕を達成すること）」だ

（原注㉜）。

## プロセスのステップをまとめて「重み」を感じさせる

　大きなバケツにりんごを100個ずつ入れていくとしよう。1個1個のりんごは軽々と持てる。たった150g、スポーツジムの一番小さいウェイトにも及ばない。だがりんごで一杯になったバケツを持ち上げると、とても重く感じる。

　次に、バケツのりんごを大きな木箱に空けていこう。そのうち木箱を持ち上げられなくなり、機械の出番となる。もうあなたの手に負える重さではないから、180kgでも1800kgでも変わらないように思える。

　相手にデータを体感してもらうためには「バケツの範囲内」に収める、つまり、重いと感じるが極端に重すぎない程度にとどめる必要がある。

> アメリカでは30分に1人の割合で殺人が起こっています。
>
> **↓**
>
> アメリカでは1日に50人が殺されています（原注㉝）。

　SNSでは30秒ごとに誰かがこんな気の滅入るデータを投稿する。「世界では30秒に1回、こんなひどいことが起こっている」、と。これは1章で説明した「1の力」を利用した翻訳例で、思いつきとしては悪くない。だがどこかの誰かが死ぬ、のような話は、必ずしも重みが感じられない。とくにこの定型句は手垢がつきすぎて、記憶に残らないことが多い。

　そこで「1日に何人が殺される」というかたちにすると、関心を引くことができる。1日に50人は注目に値する数字だ。「50人」は無視できないほど多いが、電卓が必要なほどではない。

　また、「積み重ね」方式に「1の力」を組み合わせてもいい。ニュー

ヨークタイムズ紙は、アメリカの新型コロナの死者数が10万人を記録したとき、心を揺さぶる方法でこれを行った。一面全体をコロナで亡くなった1000人の名前で埋め尽くし、名前の横に短い紹介を掲載したのだ。その一部をここで紹介する。

アメリカでは1分に1人がコロナで亡くなっています。

**ロバート・ガーフ**、77歳、ユタ、元ユタ州議会下院議長、自動車会社役員、慈善家。

**フィリップ・トーマス**、48歳、シカゴ、ウォルマートの同僚は家族同然だった。

**アラン・メリル**、69歳、ニューヨーク、「アイ・ラブ・ロックンロール」の作曲者。

**ピーター・サカス**、67歳、イリノイ州ノースブルック、動物病院経営者。

**ジョゼフ・ヤッギ**、65歳、インディアナ州、多くの人のメンターであり友人だった。

**メアリー・ローマン**、84歳、コネチカット州ノーウォーク、砲丸投げチャンピオン、地方政治に長年貢献した。

**ロリーナ・ボージャス**、59歳、ニューヨーク市、トランスジェンダーの移民活動家。

**ジェームズ・T・グッドリッチ**、73歳、ニューヨーク市、結合双生児の分離手術を行った外科医。

**ジャニス・プレシェル**、60歳、ニュージャージー州ティーネック、貧困者のためのフードパントリーを設立。

**ジャン=クロード・ヘンリオン**、72歳、フロリダ州アトランティス、ハーレーダビッドソン愛好家。

　この記事は、読者に「1分に1人」の抽象的な犠牲者を想像させる代わりに、具体的で感情を揺さぶる物語を示して読者の関心を引きつけた。一人ひとりの犠牲者を、現実的な生身の個性的な存在、バーでお酒を酌み交わしたいような人として示すことで、喪失感を掻き立てた。

　そして紙面全体が視界に入ると、効果はさらに高まる。それぞれの物語を読みながら、名前と紹介で埋め尽くされた紙面が否応なしに目に入る。見渡す限り、名前が並んでいる。そしてこの記事内でも指摘されているとおり、10万人の死者のうちのたった1000人の名前を列挙するだけでも、あと2枚の紙面が必要なのだ。

　記事に掲載された一人ひとりには重みがある。また彼らの集合にも重みがある。コロナ危機はとてつもなく深刻な問題だ。ニューヨークタイムズは大きすぎる問題を、誰にでも重みを感じられるように伝える方法を見つけた。**とても重い統計があるときは、小出しにすることで十分な効果を上げられることがある。**

## ■■■■「アンコール」をする

　本当にすばらしいロックコンサートに行ったことがあるだろうか。バンドの歴史を網羅した、ファン垂涎のセットリスト。往年の名曲に最近のヒットを織り交ぜ、定番の人気曲から隠れた名曲までを余すところなく聴かせてくれる。観客は大満足で、チケット代の元を取った気持ちになる。

　そこへ、ダメ押しのアンコールが始まる。それはカバー曲だったり、不朽の名作だったりするが、観客は総立ちだ。そして高揚感いっぱいで帰路につく。なにしろ期待をすべて満たされたうえに、アンコールまで聴けたのだから。

　相手に強い印象を残したいときも、同じ手法が使える。ライブほど相手を高揚させ、楽しませることができなくても、効果は抜群だ。人は一度に多くのデータを与えられると、すぐに大きな数字に鈍感になり始める。だが一部のデータを示して強い印象を与え、それから残りを「アンコール」として示せば、どちらも深く受け止めてもらえる。

> もし世界中の人がアメリカ人と同じ量の肉を食べたとすると、地球上の利用可能な土地の138%を畜産に利用しなくてはなりません。
>
> ▼
>
> もし世界中の人がアメリカ人と同じ量の肉を食べたとすると、地球上の利用可能なすべての土地を畜産に回しただけでは足りず、さらにアフリカ大陸とオーストラリア大陸と同じくらいの土地が必要になります(原注㉞)。

　138%という数字は、一度に処理するには負荷が大きすぎる。だが、まず地球上のすべての利用可能な土地（可住地）が畜産に利用されて

いる様子──すべての平野、森林、住宅地が牧場になった様子──を想像すれば、それが持続可能なはずがないことを直感的に理解できる。そこへとどめのように、アフリカ大陸とオーストラリア大陸分の土地が必要だと聞けば、さらに深く心に刻まれるはずだ。豆料理を学んだほうがいいのかもしれない……。

　アンコールの手法は、聞いたとたん頭がぼやけるような巨大な数字を説明するときにも使える。たとえば「宝くじに当たる確率と同じ」は、非常に低い確率を表す定型句だが、実際にどれほどの確率なのかが伝わりにくい。わかりやすくするには、たとえばこんな翻訳がおすすめだ。

> パワーボール宝くじの当選確率は2億9220万1338分の1です。
>
> 誰かに西暦1年1月1日から2667年9月18日までのどれか1日を思い浮かべてもらいましょう。あなたがその日付を当てたら賞金がもらえます。
> ただし、賞金をもらうには、もう1つ条件をクリアする必要があります。壁に300枚のまったく同じ封筒が貼られています。「当たり」が入っているのは1枚だけ。それを当てないと何ももらえません（原注㉟）。

　1つめのハードルをもっと高くしてもいいが、これでも十分に難しい。そして、不可能に思えるハードルをめでたく乗り越えたところに、さらに絶望的なハードルがあることを知ったときのがっかり感は半端じゃない。

　**「アンコール」は、「デモ」や「1の力」などの手法と組み合わせるとさらに効果が高い**。具体的で衝撃的な事例を示したところに、アンコールでとどめを刺すのだ。

　アンコールもほかの手法と同じで、深刻な話だけでなく、楽しい話

にも使える。想像するだけで楽しい、こんな例を紹介しよう。

> カエルは体長の数倍の距離をジャンプすることができます。
>
> ↓
>
> もしあなたがカエルのように跳べたら、バスケットボールの３ポイントラインからジャンプして、ダンクシュートをたたき込むことができます。それも、自陣のコートの３ポイントラインから！(原注㊱)

［ゴールから7.25m離れた］３ポイントラインからダンクを決めた人は、NBA史上誰もいない――マイケル・ジョーダンもレブロン・ジェームズも、映画の奇跡の犬「エアバディ」さえやっていない。それよりずっと近い、フリースローライン［ゴールから4.225m］からのダンクでさえ、数回しか成し遂げられていない。

　つまり、このカエルの跳躍力はすでに並ぶものがいない。そこへ、実は自陣の３ポイントラインという、カメラにも収まらないほどの距離からのダンクだと知れば、スタンディングオベーション間違いなしだ！

## パターンを「結晶化」してから 破壊して注目を引く

　人は思いがけないできごとに遭遇すると、地球上で最もすばらしい、注意を喚起する感情を経験する。それは「驚き」だ。意外な数字は記憶に残りやすい。だが相手は一人ひとり生い立ちも違えば、持っている期待も違う。だから空手の達人が板を割るような、目の覚めるような驚きを相手に感じてもらうには、最初の「設定（セットアップ）」が肝心だ。

　この手法を「結晶化と破壊」と呼ぼう。**まず相手の頭の中に具体的なイメージを結晶化させ、次にそれを破壊して驚かせる**のだ。ヒーローが悪者を倒すのは、悪者が戦いで何度か勝ちを収めてからだ。3匹目のコブタのレンガの家がすごいと思えるのは、2匹のコブタの家が吹き飛ばされるのを見たからだ。

　スティーヴ・ジョブズはテック界でこの手法を得意としていた（原注㊲）。MacBook Airの発表会で、ジョブズは珍しくライバル製品のソニーVAIO TZシリーズ〔日本でのtypeT〕をほめた。「いいノートブックだ。薄いしね」

　それから彼は市場で最薄のノートPCを調べたと言って、調査結果の表をスライドで示した。薄型ノートは約1.4kgと軽量だが、画面もキーボードも狭く、プロセッサは貧弱だ。ちなみにこれらはすべて、アップルがMacBook Airで改善しようとしたポイントだ。

　ジョブズは次に画像を見せた。VAIOを横から見た断面図がスライドに映し出された。最も厚い部分は1.2インチ（約3㎝）、前面は0.8インチ（2㎝）と書かれている。

1.20インチ　　　　　　　　　　　　　　　　　　　　　0.80インチ

こうやって聴衆の頭の中に、競合のいう「薄型」のイメージを結晶化させたところで、ジョブズはMacBook Airの断面図を見せてそのイメージを破壊した。「これがMacBook Airだ」とジョブズは言い、次の画像が現れた。

　MacBook Airの断面図を見てしまうと、VAIOはどうしてもかさばって見える。

　聴衆は「おおお」「わああ」と感嘆し、拍手喝采した。ジョブズは寸法を読み上げた。「背面0.76インチ、前面は前代未聞の0.16インチだ」。

　そしてとどめのひとことを放った。「1つ言っておこう。MacBook Airの最厚部は、VAIOの最薄部よりも薄いんだ」

　これは、「アンコール手法」の見事な応用例でもある（完璧主義者のジョブズのことだ、この決めぜりふを言うだけのために、0.04インチ分の高さを削れと、アップルの3人の機械エンジニアと2人のデザイナーにハッパをかけたに違いない）。

　この決めぜりふが強力なのは、最初に競合製品の状況を整理して示したからこそだ。アップルが何と競い合っているのか（市場の最薄製品の最薄部）を理解して初めて、MacBook Airがいかに画期的なのかがわかる。「破壊」の前の「結晶化」がなければ、誰も0.80インチと0.76インチの違いなど気にもとめなかっただろう。

「VAIOの最厚部は1.2インチ、最薄部は0.8インチ。MacBook Airはそれより平均で0.5インチ薄い」

↓

「MacBook Airの最厚部は、VAIOの最薄部よりも薄い」

このテクニックのすごいところは、素人にも専門家にも効果がある点だ。ジョブズが語りかけていた相手は、この薄さの革新性を理解できるギークだけでなく、事前知識のない一般人でもあった。

テック界の状況に精通した人にとっては、競合製品の調査結果が（たとえ知っていたとしても）参考になる。そうした情報は状況を整理し、「ちょっと待ってくれ、ソニーVAIOの薄さはどれくらいだ？　レノボは？　デルは？」といった疑問に答えを出してくれる。その一方で事情に疎い人も、必要な知識を前もって得ることができる。**優れた結晶化は聴衆を１つにする**。事情通は細部に驚き、そうでない人は新しい発見に驚く。

次に紹介するのは、アーティストのロメオ・サントスに関する記事だ。アメリカや日本の読者のほとんどには知られていないが、彼はスペイン語圏で絶大な人気を誇り、ヤンキースタジアムでの２日連続公演のチケット各５万枚を完売した。ニューヨークタイムズのラリー・ローターの記事を読めば、音楽通も、そうでない人も、「５万枚を２日連続」がどれだけすごいことなのかがわかるはずだ。

> ピンク・フロイドは世界的大ヒットアルバム「ザ・ウォール」を引っさげたツアーでも、それをなし得なかった。ジェイ・Zはジャスティン・ティンバーレイクとエミネムの力を借りてようやく達成し、メタリカは試みようともしなかった。収容人数５万人のヤンキースタジアムの２日連続公演を満席にするのは、ポール・マッカートニー以外のポップアーティストにとっては不可能に近い。だがロメオ・サントスは、金・土曜の公演でそれを成し遂げようとしている（原注38）。

普通の音楽好きなら、ここに挙がった名前を聞いたことがあり、大物だと知っているだろう。また音楽通の人もこれを読めば、ヤンキー

スタジアムでの連続公演完売がいかに高いハードルなのかを、さらによく理解できる。どちらのタイプの人も、ニューヨークタイムズの読者のほとんどが聞いたこともないアーティストが、これほどの偉業を達成したことに驚きを感じるはずだ。また、スペイン語圏の音楽スターに対する固定観念をアップデートして、今後はもっと注目するようになるだろう。

この記事がとても強力な理由の1つは、ファンがどんな期待を持っているかをよく理解した上で、ベビーブーム世代にも、X世代やミレニアル世代にも響くアーティストを列挙しているからだ。

多くのものごとにはいろいろな文化的期待が組み込まれている。たとえば「ピクニック」と聞いて連想するのは、赤白のチェック柄の毛布や、籐のバスケット、サンドイッチ、スイカなど。「サーファー」と聞いて連想する人物は、金髪長髪の若い白人男性で、「よお元気？」が口癖で、たぶん歴史学専攻ではない。相手の頭の中にある文化的期待を結晶化し、活性化させておけば、その期待を破壊したときに相手をより一層驚かせることができる。たとえば、アフリカの83歳のおばあちゃんが波乗りをしている写真を見せるなど。

また、このやり方に慣れてくれば、次の例のように、簡単に相手を驚かせることができる。

世界の人々は自由貿易についてどう考えているのだろう？　典型的なアメリカ人とは考え方が違うのだろうか？　次の例を読みながら、あなたの期待がどう結晶化し、そして変化していくかを意識してほしい。

■ ピュー〔アメリカのシンクタンク〕の調査：
59％のアメリカ人が、各国間の貿易関係の拡大を「とてもよいこと」または「ややよいこと」だと答えた。

ザカリアによるピュー調査の引用：
「世界中の大多数の人が、各国間の貿易関係の拡大を『とてもよいこと』または『ややよいこと』だと答えた──中国は91％、ドイツ85％、ブルガリア88％、南アフリカ87％、ケニア93％など。調査対象となった47カ国中、ダントツの最下位は、アメリカの59％だった。「アメリカとの差が10ポイント以内の国は、エジプトだけである」（原注㊳）。

　アメリカは昔から自由貿易を支持する国とみなされてきたから、80％台後半から90％台の数字が並んでいるのを見たあなたは、アメリカでの支持率もそれくらいだろう、と期待したはずだ。たとえ「アメリカ人の自由貿易への支持率は低い」という意外なオチが待っているとしても、せいぜい70％台半ばだろう、と。だがそこで、アメリカが「ダントツ最下位」の「59％」で、しかも「アメリカと10ポイント以内の国は1国だけ」だと言われる。これらの数字はもちろん、「70％台半ば」というあなたの新しい期待値よりも低い。

　では、もし最初から59％だと明かされていたらどうだっただろう？たいして驚かなかったはずだ。比較対象がなければ、「そうか、過半数のアメリカ人が自由貿易に賛成なのか」と思ったはずだ。だがこういうかたちで示されると意外な気づきがあり、この驚くような問題について少し考えてみようという気になる。

　また、暗黙の先入観を打ち砕く例に、少し手を加えれば相手をさらに驚かせることもできる。

　「フォーチュン500社企業のCEOに最も多い下の名前は何でしょう？　1位はジョン、2位はジェームズ……そして3位はすべての女性の名前をひっくるめたものです」

そう聞けば、男女格差について話し合う意外なきっかけになるかもしれない。相手は最初の文章を聞いて、頭の中でいろんな名前を考えたり、CEOのリストを調べたりする。ビルだろうか？　デイヴ？　マイク？　それともスティーヴ？　そこでオチがわかると、語られなかったことが明らかになり、何かがとても間違っている現状が浮き彫りになる。

　僕らのお気に入りの例をもう１つ紹介しよう。人体に関する知識がいかに不足しているかを思い知らされる例だ。

> 神経インパルスが体内を通って脳に伝わる速さは、時速434km〔秒速120m〕です。神経の伝達速度は一般に速いと考えられています。

> 「地球サイズの巨人がいて、その頭がアメリカ東海岸のボルチモアに、つま先が南アフリカ沿岸にあったとしましょう。月曜につま先をサメに噛まれた巨人は、水曜まで噛まれたことに気づかず、ようやく反応するのは金曜になってからです」（ジョンズ・ホプキンス病院のデイヴィッド・リンデンによる）（原注⑩）。

　神経の伝達速度は速いと思われがちだが、実は飛行機〔時速900km程度〕よりずっと遅い。巨人がケープタウン沖でサメに噛まれるのを目撃した人が、水着を脱いで服に着替え、タクシーで空港に向かい、飛行機でボルチモア国際空港まで飛び、ボルチモアでクラブケーキとビールを楽しんでから、ようやく巨人の耳に悪い知らせをささやいても、巨人が痛みを感じるまでにはまだ間がある。

　こうした思い込みを打ち砕く思考実験は、人体への理解を深めるのに役立つはずだ。それに、映画の怪獣に対する見方も変わるだろう。昔の、のろくて鈍いゴジラやキングコングのほうが、現代版の俊敏な

ＣＧの怪獣よりもリアルに思えてくる。

　ノートパソコンの厚さから神経の伝達速度までのどんな数字を示すときでも、相手が持っている暗黙の前提と比較すれば、ますます数字を際立たせることができる。できればデータを示す直前に、そうした前提を「結晶化」させよう。

　相手はどんなことを知っているつもりだろう？　自分の納める税金のいくらが全米芸術基金（NEA）に流れていると思っているのだろう？　世界最大の娯楽産業は何だと考えているだろう？　相手にイメージを思い浮かべさせてから、それを破壊して驚かせるのだ。

　驚きはとても強力な感情だ。教室の生徒や、選挙の有権者、工場の作業員など注目を引くのに苦労している人は、ぜひ驚きの感情を活用してほしい。驚きは注目を一気に集める。相手は目を見開き、身をすくませ、口をあんぐり開けて、その場に釘付けになる。それほど強力な感情なのだ。

　もし驚きが拷問として使われたら、ジュネーヴ条約違反になるに違いない。驚きは、正しいことに注目を集めるための強力なツールになるのだ。

# 4 章

# 縮尺モデルを
# つくろう

BUILD A
SCALE MODEL

## 「目印」を見つけて
## 地形を地図に落とし込む

　あなたが初めての街、たとえばロンドンやリスボン、ワシントンDCなどを訪れたら、地下鉄の路線図のような地図を頼りにするだろう。シンプルでカラフルだが、地理的には不正確な地図だ。それを見れば地下鉄を使って移動する方法はわかるが、正確な位置関係はわからない。

　だが、それはよいことだ。路線図には知る必要のあることだけが書かれている。街の地理全体を学ばなくても、A地点からB地点への行き方はわかる。慣れてくれば、あなたも土地に不案内な旅行客に道を教える地元通になれるが、さしあたってはホテルにたどり着ければ十分だ。

　相手になじみのないデータの道案内をするときも、同じ戦略が使える。専門知識がなくても状況を理解できるように、重要な「目印」をいくつか示すのだ。

　たとえば、あなたは人間の体温についてどれだけのことを知っているだろう？　スキー中に凍った小川に転落したアナ・バーゲンホルムは、凍てつく水の中で空気溜りで息をしながら40分もの間、救助隊がやってくるのを待った。やがて意識を失い、呼吸と脈拍が停止し、ようやく氷の下から引き上げられたのは、さらに40分後のことだった。

> 「正常の深部体温は37℃。35℃前後にまで下がると低体温症が始まる。アナが病院に到着したときの体温はわずか13.7℃だった。ここまで体温が下がって生き延びた人は1人もいなかった」（原注①）

　重要な指標がいくつか示されただけで、この救助と生存の物語がいかに奇跡的だったかがよくわかる。この物語を読んだ人はまず平常時

と危機的な深部体温を理解し、彼女がそこから大きく外れていること
を知る。摂氏の表示に慣れていないアメリカ人でも理解できるが、ア
ンナが病院に運び込まれたときの体温が華氏56.6度に下がっていたと
言えばさらにわかりやすい（ちなみにアンナは生き延び、命を救ってく
れた病院で放射線科医として数年間働いた。今もスキーを続けている）。

　知るべきことがすべて示された翻訳例をもう1つ紹介しよう。上は
普通の医師による説明、下はコミュニケーションに優れた医師による
翻訳だ。

> 「血小板数の正常値は1マイクロリットルあたり約15万〜45万個
> です。最近の血液検査によると、あなたの血小板数は4万個です。
> これは低すぎますね」。

> 「血小板数は1000単位で示され、正常値は150から450の間で
> す。これが50未満なら、旅行に行ってはいけません。10未満まで
> 下がると、突発性出血の危険性が高まります。あなたの数値は40
> です」(原注②)

　下の例のほうがわかりやすい理由は2つある。第一に、尺度が単純
で小さいから。患者は1マイクロリットルあたり何個かなんて知る必
要はない。数値が自分の健康にどう影響するのかさえわかればいい。

　第二に、重要な目印がいくつか示されているから。おかげで、自分
の数値がただ「正常値未満」というだけでなく、旅行できないほど低
いこと、これ以上下がるとさらにリスクが高まることもわかる。**これ
らすべてから、「深刻だがまだ手の施しようがある状況」だとわかる。**
これは上の説明からはわからないことだ。

## できるだけ「既存の地図」を使う

　先ほどの深部体温と血小板の例は、わりあい単純だから、数字をいくつか示すだけで状況を説明できた。人は数個の重要な目印を覚えられるが、詳細までは覚えられない。

　だがもっと大きなもの、たとえば「宇宙の歴史の中で人間の占める位置」を説明するには、どうしたらいいだろう？

　実は、時間を表す定番の方法がすでにある。自然の歴史を次の尺度を使って表せば、深遠な気づきが得られるだろう。

現生人類が出現したのは約20万年前。宇宙の歴史から見ればごく最近のことです。ビッグバンが起こったのは、今から約138億年前と推定されています。

宇宙の歴史を24時間に縮めてみましょう。午前零時きっかりにビッグバンが起こり、それから何も起こらない時間が続きます。12時間、そして16時間が過ぎ、ようやく16時10分頃になると太陽が塵の雲の中で誕生し、その周りに惑星ができ始めます。地球はその5分後に現れ、冷え始めます。

単細胞生物が地球上に出現するのは17時半頃。脊椎動物は23時9分になってやっと現れます。恐竜と最初のほ乳類の出現は23時37分。ティラノサウルス・レックスは1日が終わる8分前の23時52分に姿を現しますが、その1分後に小惑星が地球に衝突すると絶滅します。

人間の歴史は最後の1秒にも満たないのです（原注③）。

　人間は時間を直感的に理解するのが得意だが、それは短い時間に限られる※。地質年代の重要な目印をいくら示しても、**1日のうちの時**

※一般に、1日から1年までの時間なら理解しやすい。人間はこれくらいの長さの時間をくり返し経験し、体感しているからだ。この例では宇宙の歴史を1日で表したが、カール・セーガンの有名な「宇宙カレンダー」は、1年に縮めたものだ。

間、分、秒という、日常的に経験する時間のようには直感的に理解できない。

　この「地図」は、人間存在の尊さやはかなさだけでなく、宇宙のあらゆる存在の歴史を理解するヒントになる。地図のおかげで恐竜や生物、惑星、太陽系に関する理解を深められるだろう。

　この地図に、あなたの興味のあることを足していこう。月が形成されたのは、地球誕生の9分後、16時24分頃だ。カブトガニが出現したのは、23時24分、ティラノサウルス・レックスよりずっと前だ。アパラチア山脈ができたのは、カブトガニよりも前の23時10分だ。ヒマラヤ山脈は生まれてからまだ5分しか経っていない――だからあんなに高く険しいのか。

　全体像を俯瞰する適切なランドスケープ（風景）や、この例のようなタイムスケープ（時間風景）があれば、そこにいろんな数字を足していける。

　鉄道模型、人形の家、レゴ。これらの玩具は「圧倒的」や「威圧的」といったものの対極にある。鉄道ダイヤ、家事分担表、工程管理表はおもしろくない雑事だ。だが、すべてを縮小して床に広げれば、遊びながら楽しく学ぶことができる。

　楽しいだけじゃない。よくできた縮尺モデルはとても役に立つのだ。たとえば、飛行機の設計は非常に複雑なため、物理学の知識だけでは挙動を予測できない。飛行機の縮尺模型を風洞の中で飛ばして、翼の形状や位置、胴体との微妙な相互作用を調べることが、設計には欠かせない。

　このセクションでは、相手が新しい知見を得たり、込み入った比較を行ったりするのに役立つ、複雑な縮尺モデルをつくる方法を説明しよう。

　前のセクションでは、巨大な規模のものごとを説明するために、時間の流れを俯瞰する、既存の「タイムスケープ」（24時間や1年間のモデル）を使う方法を紹介した。次の例では、この手法を元にした、意見の分かれる政策課題を検討するための「実況方式」のモデルを考えよう。週5日40時間労働という、典型的な週の労働時間をもとに計算している。

アメリカ連邦政府は2018年度に食料・栄養支援に680億ドル、高等教育補助金に1490億ドルを支出しました。食料配給券と高等教育に多額の予算を割り当てているのです。

毎月の給料の一部を税金として納める代わりに、1年分の連邦税を先払いすると考えてください。1月1日の仕事始めから、収入の全額

を税金の支払いに充て、すべての税金を払い終えたら、残りの収入は全部あなたのものになるとします(ここでは連邦税だけを考えます)。最初の2週間の収入は社会保障費、次の2週間の収入は医療保険の支払いに全額充てます。2月1日からの5日間で国債の利子を、次の1週間半で国防費を支払います。2月の残りの1週間半で、あなたが「政府」と聞いて連想するすべての費用を支払います。食肉検査から航空管制、アメリカ疾病管理予防センターの人員、連邦裁判官、FBI捜査官、外交官までの何もかもです。そのうち6時間を食料・栄養支援のために、12分を国立公園のために、2時間をNASAのために働きます(原注④)。

　政府予算をカレンダーに置き換えると、いろいろな予算金額をただ比較するだけでなく、体で感じることができる。1170億ドルや1兆2000億ドルの予算と言われてもピンとこないが、2週間の労働と8時間の労働の違いなら実際に経験して肌で知っている。

　それに、国家予算を身近な問題として考えるようにもなる。「1490億ドルの教育予算」は多すぎるように思えても、あなたがわが子に勉強を教えるのに週何時間もかけているのなら、数日分の稼ぎを国民の教育に充てようという気になるかもしれない。炊き出しのボランティアに数時間割いているのなら、それよりずっと多くの人の食費を補助するために1日分の稼ぎを提供しようと思えるかもしれない。とくに、その大半が子どもたちの食費になるのなら。

　また、ほとんどのアメリカ人は社会保障制度を支持しているが、まる2週間分の稼ぎをもっていかれることを考えれば、予算を削減する方法を検討するべきだと思うかもしれない。

　この「縮尺モデル」を、あなたの知識や信条に応じて、ほかのことにも応用してみよう。何かに対して反対意見や賛成意見を唱えるのに

使ってもいい。そうすれば一見手のつけようのない大きな問題を、具体的に、自分たちのこととして考えることができる。

工夫好きな人は、このモデルそのものにも手を加えてみよう。たとえば副業収入を含めたらどうだろう？　人によって違うモデルを使い分けてもいいかもしれない。税率は人によって違うのだし、仕事で稼いでいない人もいるのだから。

こういった工夫が必要なのは当然のことだ。ゲームデザインでもこの特性は「柔軟性」や「拡張性」と呼ばれ、必要に応じてもとのデザインを変えていく。最初の基本モデルは、主要な要素の ── この例で言えばいろいろな予算の ── 優先度を考えるために単純化されている。あなたの目的にぴったりのモデルをつくるために、いろいろ試してみよう。コツがわかったら、別の要素を比較検討するために、ほかのモデルをつくってみよう。

数々の賞を受賞した大人気ボードゲーム「カタンの開拓者たち」にも、この特性がある。オリジナル版では、プレイヤーが必要な資源を手に入れながら、開拓地を都市に発展させていく。だが経験豊富なプレイヤーのために、ほかの要素を取り入れた拡張版も用意されている。航海や交易の要素を加えたバージョンもあれば、蛮族から交易路を守るバージョンもある。元のモデルがしっかりしていれば、いろいろな方法で拡張することができる。

拡張性の高い縮尺モデルをつくる方法はほかにもある。柔軟な比喩を使うのだ。

さっきの例は、もとの国家予算をほぼそのままのかたちで縮小した。だが、「職場の生産性調査」のようなものを翻訳するにはどうしたらいいだろう？

次の例はスティーブン・コヴィーの『第8の習慣』から拝借した。ある組織の従業員調査で、こんな結果が出た。「組織が達成しようとしていることとその理由を明確に理解している人は、わずか37％だっ

た。……チームや組織の目標に熱意を持っている人は、5人に1人。チームや組織の目標を自分の課題と明確に結びつけている人は、5人に1人でしかなかった。組織のおかげで自分の能力をフルに発揮して主要な目標に取り組めていると答えた人は、わずか15％だった。組織を完全に信頼している人は、20％に過ぎなかった」

　難しいだろう？　何をする組織なのかもわからないし、調査の内容も多岐にわたるから、縮小するのは難しく思える。だがスティーブン・コヴィーは見事な比喩によって、言いたいことを効果的に伝えるモデルをつくった。

■ ある組織の従業員を対象とする調査:
「組織が達成しようとしていることとその理由を明確に理解している人は、わずか37％だった。……チームや組織の目標に熱意を持っている人は、5人に1人。チームや組織の目標を自分の課題と明確に結びつけている人は、5人に1人でしかなかった。組織のおかげで自分の能力をフルに発揮して主要な目標に取り組めていると答えた人は、わずか15％だった。組織を完全に信頼している人は、20％に過ぎなかった」

「あなたが11人のサッカーチームの監督だとしよう。自陣と敵陣のどちらのゴールを狙うべきかがわかっているのは、11人のうちの4人だけ。自分のポジションとチームでの役割を理解しているのは、たった2人。監督とオーナーを心から信頼しているのは、わずか2人。チームのサポートのおかげで実力を最大限に発揮できると感じているのは、2人しかいない。ほとんどの選手があてもなくただボールの蹴り合いをしているだけなのだ」（原注⑤）

　この組織はサッカーと何の関係もない。だが調査結果はどれも、

サッカーチームに見られる力学に当てはまる。サッカーの熱心なファンやサポーターでなくても、この機能不全のチームを想像すれば、何らかの感情や反応が沸き起こるはずだ。

選手たちは間違った方向に走り、むやみにボールを蹴り、監督を無視し、必要な訓練やサポートも受けていない。チームは大混乱でひどい状態にある。そこから類推すれば、組織も同様に機能していないことがわかる。職場の機能不全は表に現れにくく根が深い問題だが、サッカーチームにたとえたとたん、一目瞭然になる。

縮尺モデルは、ほかにどんな問題に使えるだろう？　航空運賃を10ドルに縮めて、そのうちの何ドルが従業員（パイロット、アテンダント、整備士、運航管理者など、運航に関わるすべての人）の手に渡り、何ドルが燃料費や機体の購入・維持管理費に充てられ、そして何ドルが完璧ボディの美男美女が豪華な休暇を過ごしている嫌みなCMに費やされているのかを示すこともできる。また時代をさかのぼって、狩猟採集民だった頃の人間の1日や、人間ではなくライオンの1日のうち、何時間が狩猟、睡眠、喧嘩、遊びに費やされていたのかを考えてもいい。インディーズバンドの収益をモデルにして、ツアーや広告、レコード売上など、どの収益のおかげで活動を維持できているのかを考えることもできる。

縮尺モデルはどんなものであれ、複雑な力学をわかりやすく可視化し、点と点をつないで全体像を示すことができる。**それをもとに、対話を始めることができる**。それをもとに、数字で世の中を動かすことができるのだ。

# 数字の価値

THE VALUE OF

NUMBERS

僕らは「数字に強くない」人と「数字に強い」人という、2種類の読者を想定して本書を書き始めた。少なくとも僕らは、自分たちに「数字に強い」というラベルを貼りつけていた。だが今になってみれば、それは間違ったラベルづけだったのではないかという気がする。

　この本を読み始めたとき、「自分は数字に強い」と思っていた人もいるだろう。だがここまで読んだ今、「数字に強い」と「弱い」の境界線が曖昧になっているのではないだろうか？　数字を翻訳することで主張を明快に伝えられると知って驚いたり、考えさせられた人がいるかもしれない。神経の伝達速度は速いとか、全米芸術基金の予算は多いとか、ロッキー山脈は高い（K2に笑われているかも）などという思い込みを打ち砕かれた人もいるだろう。

　反対に、「自分は数字に弱い」と思っていた人は、実は数字に強い人など1人もいないことを知って安心したり、翻訳例を読んでわくわくしたりしたかもしれない。ハチドリや拍手ゲームの話をパートナーや子どもに教えて、辟易させずに数字の議論ができた人もいるだろう。

　いったん数字の翻訳に慣れれば、数字はただ意味を持つだけでなく、楽で自然に感じられるようになる。3センチを正確にイメージできなくても、ブドウ大だと言えば腑に落ちる。天文単位を知らなくても、太陽系をコイン大に見立て、地球に一番近い恒星までは、サッカーコートの向こう端に置いたコインほど離れていると言えば鮮やかにわかる。

　僕たちは、6年生（11歳児）が100万秒と10億秒の違いを理解して興奮するのを、この目で見た。100万秒後は約12日後、給食の次の「ピザの日」だ。10億秒後は32年後、遠い先のことだ（11歳児が43歳になるとき）。高校と大学を出て、転職を何度か経験し、子どもの習い事の送り迎えに忙しく、心臓発作が心配になり始める年頃だ。

　数字はもともと日常経験とかけ離れているから、数字が得意なはずの人でもよく理解できないことがある。たとえばテック企業に投資す

るベンチャーキャピタリストは、いつも膨大なデータに囲まれ、テクノロジーとファイナンスという、数学を多用し、独自の専門用語まで持っている2つの分野に精通しているから、数字に関して正しい判断を下していると思うだろう？

だがベンチャーキャピタルは2002年に、今後10年間で1兆ドル以上の時価総額を生み出さなければ従来の利益率を維持できないほどの金額を、スタートアップに投資していた。10年という長期間を考えれば、それほど無理な話ではないようにも思われた。だがフォーチュン誌が、「今から2012年までの間、イーベイ級の会社を10日ごとに1社上場させ続けることと同じ」と言い換えると、ようやく彼らは悟った。「そりゃ無理ってもんだろう！」、と。

ベンチャーキャピタリストは必要な情報を持っていなかったわけでもなく、計算が苦手だったわけでも、投資成績を気にしていなかったわけでもなかった。たんに「人間」だったというだけだ。人間なら誰しも、膨大で複雑な数字を目にすると、未来を過度に楽観視したり、わけがわからなくなったりすることがある。だが、数字の翻訳は天才でなくても、画期的なひらめきがなくてもできる。正しい方針をもって正しいやり方でやればいいのだ。

複雑な数字は複雑な言語と同じで、真実をゆがめることがある。ダレル・ハフは1954年の有名な著書『統計でウソをつく法』でこのことを示し、統計のウソを見抜くためのコツを伝授した（原注①）。

だがウソを見破ることだけしか頭になければ、何も信じられなくなる。「みんながウソをついている」と信じるのは、「みんなが本当のことを言っている」と信じるのと同じくらい愚かなことだ。

それよりずっと役に立つのは、真実を見抜く方法だ。それを知っていれば、ただウソを見破るだけでなく、お互いが「真実」と思えることを叩き台にして、対話を始めることができる。数字を具体的なものに──たとえばクリスピークリームのドーナツや都市の人口、病気

の死者数などに ── 変換する練習をすれば、数字を鵜呑みにしたり全否定したりせず、自分で真偽を判断できるようになる。

　優れた翻訳は議論の共通基盤になる。全米芸術基金の予算が1億4800万ドルと聞いて憤慨する人も、「1人あたり年間約25セント」という翻訳を読めば、より理性的な議論ができる。「政府の主な予算支出をまかなうために自分は何週間働いているのか？」と考えれば、自分の負担がどれだけなのか、何を減らし何を増やすべきなのかを冷静に検討できる。

　驚異や畏怖を感じる瞬間は、人生最高のひとときになる。数字をうまく翻訳すれば、好奇心を満たすことも、かき立てることもできる。「ハチドリになったらどんな感じだろう？」と想像するとき、「代謝が50倍になる」と聞いてもピンとこない。だが、「60秒ごとにコカ・コーラを1缶飲まなければ生きていけない」と聞けば、なるほどと思えるし、生き物によってこうも違うのかと感嘆する。

　僕らがこの本を書き始めた時点で気づいていなかったことが、もう1つある。いろいろな数字を集めて翻訳するうちに、ふだんほとんど持たない感情、一般に大自然や宗教と結びつけられる感情を頻繁に体験したのだ。

　その感情とは、畏敬の念だ。

　僕らは本書で紹介するさまざまな数字に畏敬を感じた。ペットボトルと角氷の例では、水にあふれていると思っていた地球にほんの少ししか存在しない飲料水を大切に思うようになった。砂漠アリが、人間の開発した最高の衛星システムをもしのぐ、自然のGPSシステムに導かれて、膨大な距離を移動できることに目を見張った。1秒間に4回拍手することで、アスリートの俊敏さを理解し、感嘆した。100人の間で不公平に分けられた100戸のマンションを想像して、社会の格差に愕然とした。サッカーコートに置かれたコインのたとえで、宇宙の広大さに心を動かされた。

　**いったん何かに畏敬の念を持つと、それに対する見方が永遠に変わる**。世界に対する優先順位が変わり、ほかの些細な問題がしばし頭から消え、より謙虚に、より集中して考えるようになる。そしてふだんの生活に目を戻したとき、本当に目を向けるべき問題や、取り組みたい大きな問題を選ぶようになる。

　数字に強い人は、生まれつきそうだったわけではない。人間は5より大きい数字が目に入らないし、頭の中で複雑な計算ができない。

　**数字に強い人とは、数字が表すものごとに感動できる人なのだ**。あなたの行動や計画、構想のすべてに数字が絡んでくる。そしてどんな数字も、直感的に理解し体感できるように翻訳することができる。

　強敵との対戦に向けてチームを準備させる監督、節水の重要性を説く環境活動家、作業員の士気を高めようとする工場長、一見退屈なサプライチェーンの問題を解決しようとする副社長、毎日少しずつ読めば長編小説を読破できることを生徒に教えたい教師……どんな仕事にも数字は関わっている。伝えたい数字を翻訳して、周りの誰にでも理解でき、興味を持てるようにすれば、人々の力を借りて、どんな仕事ももっと成功させることができる。

　数字をもっと頻繁に、もっと賢く使えば、世の中はもっとよくなると僕らは信じている。といっても、よくあるように、数字をページにたくさん詰め込むということではない。数字を減らすことで、かえってインパクトを高められることもある。数字はただの背景や飾りの情報ではなく、奥深い物語を伝える、議論の中心点であるべきだ。僕らは数字の力を心から信じている。数字でポジティブな結果を生み出せると信じている。

# 数字を相手に
# やさしくする方法

MAKING YOUR

NUMBERS

USER-FRIENDRY

数字を相手にやさしくするための鉄則は、「**小さい整数**」を使うことだ。

　分数や小数は、40ページのルール1「シンプルが善」に反する。数字を生のままで出せば、相手はそれを解釈するために計算を強いられる。分数は、5以下の数字を使う単純なものを除けば、複雑すぎる。

　だからできるだけ小数に直そうとする人が多いが、小数は42ページのルール2「整数」を使うに反する。小数は全体のうちの一部分を表すが、人間の脳はそうした表し方を不自然で現実的でないと受け止める。野球の打率や、ドルやユーロの金額でない限り、使わないほうがいい（金額を小数で表すときも丸めよう）。

　たくさんの数字、たとえば一連の調査結果や数日間の降水確率、多様な商品の売上予測などを比較するときは、パーセンテージがお勧めだ。だがパーセンテージは具体性に欠けるという難点がある。整数の代わりに**パーセンテージを使って議論をすると、論理的な誤りを起こしやすくなる**ことがわかっている。パーセンテージの正確性を活かしつつ、具体性に欠けるという欠点を回避するには、「100人の村」戦略を取るといい。対象を100個集めた「バスケット」をつくって、パーセンテージを整数に変えよう。そうすれば情報の正確性を失わずに、分母をなくすことができる。

　一般に整数は意味が伝わりやすく、インパクトが強い。適度に丸めた整数は、脳が最も処理しやすい数字だ。できるだけ単純で明快な整数を使おう。

　これらのルールには例外がある。専門分野の表記法は専門家にとって非常になじみ深いため、ルールが当てはまらない。相手にとって身近な表し方が一番だ。野球ファンからややこしい「何割何分何厘」の表記法を取り上げてはいけない。ファンは打率に思い入れがあるのだから。同様に、料理家から「4分の1カップ」や「大さじ3分の1」や「小さじ3分の1」を取り上げないこと。

**ルール 1**　どんどん丸めよう

　あなたの相手は忙しく、考え事で頭がいっぱいだ。相手が求めているのは全体像を伝える数字やものごとをわかりやすくする数字であって、余計な仕事を増やす数字ではない。

　相手にやさしくない数字を山のように与えると、余計な計算を強いることになる。たとえ簡単な計算であっても、無駄な時間や労力、忍耐心を使わせてしまう。ジョージ・A・ミラーは、人間の脳の作業領域（ワーキングメモリ）には7（±2）個の枠があると言った。だがスライド資料に複雑な数字、たとえば「85ドル37セント＋24％の付加価値税」がたった1つ含まれているだけで、作業領域の処理能力をあらかた使い果たしてしまう。

　数字を理解するのに時間がかかればかかるほど、全体像を把握しにくくなる。「88万320リットル」「ページ数が43％少ない」「267.9㎞」などの細かくややこしい数字は、無駄に複雑なだけで、言いたいことが明確になるわけではない。「100万リットル」「ページ数が50％少ない」「300㎞」などのように、**数字を単純にして、全体像を理解できるだけの空き容量を相手の頭に残しておこう。**

---

■ ✕ 難しく、理解するのに時間がかかり、複雑で、
　　　相手にやさしくない数字

・0.34165

・49分の2

・483×9.79

・ベビーブーム世代の64％が、史上最高のロックバンドはビートルズだと答えた

・87.387㎞

・4,753,639,000,000

> **○** 理解しやすく、シンプルな、丸めた数字
> ・10人中3人強
> ・約25人に1人
> ・500×10
> ・ベビーブーム世代の3人に2人が、史上最高のロックバンドはビートルズだと答えた
> ・90km弱
> ・5兆近く

**ルール 2** 具体的が善

　整数を使おう。だがたくさん使いすぎないこと。また整数でも、小さいほうがなおベターだ。できる限り、小数や分数を使う代わりに現実のものを数えよう。**脳が最も処理しやすいのは10以下の整数**だ。その中でも、片手で数えられ一目で認識できる、1から5までの数がベストだが、両手で数えられるものなら大丈夫。

　分数がなぜダメかと言えば、複雑なせいで話の流れがぶった切られてしまうからだ。たとえば、こう聞かれて即答できる人がいるだろうか？　「16分の9切れのパイはいかが？」

　分数を小数に変換すれば、分母がなくなるから多少わかりやすくなるが、それでも直感的には理解できない。「0.316切れのパイはいかが？」

「養鶏場のタマゴの8.33％が腐っていた」と聞いてもピンとこない。「1ダースにつき1個のタマゴが腐っていた」なら現実的に聞こえる。だが大きい数字（144個のうちの12個など）だと埋没してしまう。大きくて細かい数、たとえば3万7176個のうちの3098個などに至っては、ほとんど意味をなさない。

　どうしても整数を使えない場合は、パーセントに直そう。0.32より

32%のほうがずっといい。整数のように見えるし、パーセントは小数とは違って日常会話にも出てくる。「50%の確率」とは言うが、「0.5の確率」とは言わない。

　要するに、**なるべく普通の言葉を使おう**。「3分の1」より「3回に1回」。小数よりパーセントを使おう。「0.33」より「33%」。複雑な分数よりもパーセントのほうがいい。「17分の7」より「41%」。

---

■ ✕ 小数、パーセンテージ、分数を使いすぎる

・50%引きで売ってくれないか？

・クッキーの50%をくれ

・600%増えた

・33分の1の学生、3%の学生

・0.001%

・ピザの12.5%、8分の1切れ

・女性の12.5%が乳がんになる

・チケット売上が95%減少

---

■ ○ より具体的な、まるごとの数や量

・半値で売ってくれないか？

・クッキーを3枚くれ

・7倍になった

・この教室の中の2人

・1000人中1人

・ピザを1切れちょうだい！

・女性の8人に1人が乳がんになる

・100席売れていたのが今は5席しか売れない

**相手の言葉で話そう**。相手が慣れている表記法があるなら、それを使おう。翻訳の目的は、相手に理解してもらうことだ。何かの成功率を表すのに、普通は小数点以下3ケタの数字は使わないが、野球ファンは打率を表すのに「30%」や「10回中3回」ではなく、「3割0分0厘 (0.300)」と言われたほうがわかりやすい。

相手がよく知る、身近なかたちにしよう。たとえば指数は日常生活では目にしないから、普通は使わないほうがいい。だが10のべき乗を日常的に使う科学者にとっては、こうした科学的表記法のほうがわかりやすい。買い物客は値引き表示に、野球ファンは打率に、世論調査員は%やポイントに慣れている。専門家には専門家の理解しやすい数字を示そう。

---

### ■ 一般向け

- 4回に1回の確率
- 2分
- 5分の1の確率
- このシャツ安くなってる
- 弱い地震
- ニューヨークの平均的な広さのアパート
- 1兆

### ■ 専門家向け

- 野球ファン：打率2割5分3厘
- 競馬ファン：2分3秒98
- 賭け競馬ファン：オッズは13対3
- 買い物客：35%オフ
- ロサンゼルス住民：マグニチュード3.3
- 不動産業者(または頻繁に引っ越すニューヨーカー)：72平米
- 科学者：$1 \times 10^{12}$

# 原 注

ENDNOTES

ここには本文で引用した資料や研究のくわしい説明を載せた。参考URLについては日本語版発刊時点の動作確認済。さらに詳細な情報がほしい人は、以下のウェブサイトを参照してほしい（英語のみ）。heathbrothers.com/mnc/webnotes.

## はじめに

### ① 瞬間的認識

　瞬間的認識（subitizing）は、ラテン語で「瞬間」や「突然」を意味する「subitus」に由来し、人間が3、4（https://bit.ly/3dmWH2H）、ときには5までの小さな数を「即座にかつ明確に」認識する能力を表す。たとえば人間は2個のサイコロの目を瞬間的に認識できる。この能力は人間以外の霊長類や、ハチ、コウイカ（https://bit.ly/3doWMDf）にも見られる。

### ② それより大きな数字に名前がなく

　研究によれば、5を超える数の概念が文化に生まれるのは、物質的財産が十分なレベルに達してからだ——数えるべきものがなければ、数える必要も生じない。たとえばオーヴァーマンが、現代に存在する33の狩猟採集社会に関する人類学的データを分析したところ、限られた物質的財産しか持たない7つの文化（単純な狩猟採集社会）には数字の概念がなかったが、より複雑な26の文化のうち17に、1種類または2種類の記数法を含む入り組んだ数字体系があった（現代文化で広く採用されている10進法のほか、5進法や20進法を取り入れた文化があった。これは人間の片手に5本の指があり、手足の指が合計20本であることに由来する）。

　また、物質的に発展した文化には、ものを数える道具（棒や数珠玉など）があった（Overmann, 2013, p. 28）。「たとえばアメリカ先住民の

ポモ族は、ひもに通した数珠玉と大小の棒を使っていた。小さい棒1本が80個の玉に相当し、小さい棒5本が大きい棒1本、または400個の数珠玉に相当した」（p. 25）。人類は歴史の大半を単純な狩猟採集社会で暮らしていたため、ほとんどの数字体系も歴史の大半を通じて単純だったと考えられる。Karenleigh A. Overmann（2013）, "Material Scaffolds in Numbers and Time." *Cambridge Archaeological Journal*, 23:1, 19–39.

③「うーん、もっとずっとたくさんほしかったのよね」

（そう、ジョークに脚注を入れている）。こういうシーンは想像すると笑えるが、その根底には深刻なジレンマがある。数字を持たない社会は、数字を持つ社会に比べて不利な立場に立たされることがあったと、人類学者は指摘する（「アイヌ族と〔カムチャッカ半島の〕コリャーク族は、数量を扱うスキルが進んでいなかったせいで、交易でだまされがちだったという」Overmann, p. 28）。

また人類学者によれば、これらの民族は数字を持たないせいで、自然環境にも苦しめられた。不安定な気候に暮らす人々は、長い冬を飢えずに乗り切るために、食料や種を数える数字体系を生み出した（Overmann, p. 25に引用されたDivale, 1999）。オーヴァーマンは人類学の発掘調査員の発見として、アレウト族が2月を「貯えた食料が尽きる月」、3月を「飢えを捨てる（忘れる）月」と呼んでいたと記している。2月や3月に食料が尽きたあとは、皮やひもなどの「食べにくい」ものを噛んでしのいだという。

④ 最初はものを数える方法、次に数字、そして数学

ものを数えられるだけで —— つまり足し算や引き算ができなくても、ただ貯えられた種の数やどこかに行くのにかかる日数を知っているだけで —— さまざまな社会的便益が得られる。大きい位の数を組み

合わせる規則が広く知られていれば、大きい数を数えることができるが、そのためには高度な言語的基盤があることが前提となる（たとえば中国語の数字体系は英語よりも単純だ。中国語で37は「3つの10と7」だが、英語では単純な「3つの10」の代わりに、「30（thirty）」という新しい単語を学ぶ必要がある）。とはいえ、計数（数を数えること）は人間にとって最初の大きなイノベーションだった。それに比べれば、微積分や幾何の有用性はたかがしれている。

　人間がまるごとの数（整数）を好むのは、指で数を数えるようにできているからだろう。数を数えるための最初の道具は、ほぼ例外なく体、とくに手の指だった（そのため、ほとんどの文化の数字体系は5進法や10進法で、とくに抜け目のない文化の場合は、手足の指を使う20進法である）。人類学者によれば、指での計数はあらゆる文化にほぼ「普遍的」（文化的生活の多様性を称賛する人類学者がめったに使わない言葉）である。手指の動きを司る脳内の部位は、簡単な数を処理する部位と同じ（Overmann, 2013, pp. 21–22）だから、指を動かすことは数字を学ぶことにつながる。実験で被験者にものを数えるタスクと、指を使って行うタスクを同時に与えると、ものを数えにくくなることがわかった。

⑸ 5万ドル使う

　100万ドルに当選した人：1,000,000ドル÷50,000ドル＝20日。10億ドルに当選した人：1,000,000,000÷50,000ドル＝20,000日。20,000日÷365≒54.8年。

⑹ ギネス世界記録

　世界一の記録を集めた創刊1955年のこの有名な本は、もとはパブでの議論に決着をつけるために書かれた（https://bit.ly/3diqcmq）。

⑦ マクドナルドの広告予算 VS
　アメリカ農務省の「ファイブ・ア・デイ」

　モーガン・スパーロックはドキュメンタリー映画『スーパーサイ
ズ・ミー』の中で、マクドナルドの年間広告予算（世界全体で14億ド
ル）と、アメリカ農務省の野菜と果物の摂取を促す「ファイブ・ア・デ
イ」運動の広告予算（200万ドル）の格差を指摘した。マクドナルドの
14億ドルの予算のうち、アメリカ国内向けの広告が占める割合はどれ
くらいだろう？　マクドナルド全店舗の約40％が国内にあるが、アメ
リカの広告市場は他国より規模が大きいので、ここでは仮に世界全体
での広告費の半分（7億ドル）がアメリカ国内向けだとしよう。つまり、
農務省が「ファイブ・ア・デイ」キャンペーンに予算を1ドル費やす
ごとに、マクドナルドは広告費に350ドル投じている計算になる。

　さいわい、マクドナルドの現在の広告予算はわずか3億6600万ド
ルに減っているが（https://bit.ly/3sqxaKk）、農務省は今もこのキャン
ペーンにほぼ同額の200万ドルを費やしている（同省予算局の発表によ
る）ので、現在の比率は183対1。つまり、農務省がこのキャンペーン
のCMを1年に1回流すごとに、マクドナルドは2日に1回流す計算
になる（以前は1日1回だった）。進歩だ！

⑧ 心理的麻痺

　これは心理学者のポール・スロヴィックが研究する現象で、数字が
大きくなればなるほど、その数字に共感できなくなっていく傾向をい
う。困っている人の話を聞くと心が痛むが、数千人規模の悲劇は抽象
的で共感を覚えにくい。残念なことに、困っている人が1人より増えた
とたん私たちは感情移入しにくくなり、2人も大勢も同じに思えてしま
う。 "The More Who Die, The Less We Care: Psychic Numbing and
Genocide," *Behavioural Public Policy,* ed. Adam Oliver (Cambridge:
Cambridge University Press). (https://bit.ly/3mRCMMH)

⑨ 知識の呪縛

　知識の呪縛は心理学と経済学で研究されている。この現象の詳細は以下を参照。Chip Heath and Dan Heath（2007）, *Made to Stick: Why Some Ideas Survive and Others Die*（New York: Random House）, pp. 19–21.（チップ・ハース、ダン・ハース著『アイデアのちから』飯岡美紀訳、日経BP、2008年）。あなたが答えを導くのに役に立ったスキルが、その答えを誰かに説明するときには邪魔になることがある。この現象を初めて指摘したのは以下の研究である。Colin Camerer, George Loewenstein, and Martin Weber（1989）, "The Curse of Knowledge in Economic Settings: An Experimental Analysis" *Journal of Political Economy* 97:5 pp. 1232–54.（https://bit.ly/33PMvdM）


1 章

① 数字をすべて丸で囲み、それらの前後を見てみよう

　このエクササイズを教えてくれた、アイデアを記憶に焼きつける達人のアンディ・クレイグとデイヴ・ユーマンに感謝する。彼らはプレゼンテーションのコツを教える際に、必ずこのエクササイズを行うそうだ。


② パースペクティブエンジン

　ジェイク・ホフマンとダン・ゴールドスタインは、検索結果に視点を変える語句を加えることで、誤答率が半減することを示した。以下の論文の図5を参照。Christopher Riederer, Jake M. Hofman, and Daniel G. Goldstein（2018）, "To Put That in Perspective: Generating Analogies That Make Numbers Easier to Understand," *Proceedings of the 2018 CHI Conference on Human Factors in Computing Systems.*（https://bit.ly/32j0Pum）

　パースペクティブエンジンのチームは、視点を変えた語句を被験者に提供すると、「読んだ数字を記憶し、読んでいない数字を推測し、改ざんされた数字の間違いを検知する」能力が大幅に高まることを明らかにした。情報を記憶する能力は、一部の被験者では15％も高まった（たいした差に聞こえないかもしれないが、高校や大学の成績で言えばB⁻とAの違いに相当する）。Pablo J. Barrio, Daniel Goldstein, and Jake Hofman（2016）, "Improving Comprehension of Numbers in the News," *Proceedings of the 2016 CHI Conference on Human Factors in Computing System*s.（https://bit.ly/3x1Yn9R）

③ パキスタン＝カリフォルニア×2

　パキスタンの面積は796,100㎢（https://bit.ly/3nauAqX）、カリフォルニア州の面積は424,000㎢（https://bit.ly/3ajyqc1）〔日本の面積は378,000㎢〕なので、約2倍となる。面積はすべてウィキペディアによる。

④ ペットボトル、角氷、水滴

　ナショナル・ジオグラフィック誌によれば、地球上に存在する水のうち、人間や動物が飲める水の割合はたった0.025％でしかない（https://on.natgeo.com/32Qfttv）。地球上のすべての水を2リットルのペットボトル1本分だとすると、真水を全部集めてもペットボトルの2.5％分、50㎖にしかならない（しかもその大部分は氷河に閉じ込められている）。自家製の角氷1個を約30㎖（著者調べ）とすると、2個にも満たない。地球上の淡水のうち、凍っていない利用可能な水を約1％と推定すると、ペットボトルの水の0.5㎖、角氷から溶ける3滴ほどになる。カリフォルニア土地開発局はこれをもっと大きなスケールで説明しているが、小さなモデルのほうが視覚的インパクトが強いように感じられる。

⑤ 火星のオリンポス山の規模

ブリタニカ百科事典によると、オリンポス山は標高約2万2000mで、地球上のどの山よりも2倍以上高い（https://bit.ly/2Q2Ktnn）。商業旅客機が安全に飛行できる高度はおよそ9,500mから11,600m（https://bit.ly/3xgVYs3）の間だが、オリンポス山の高さはそれをはるかに超える2万2000メートルだ。これほどの高度では空気が薄すぎて旅客機のエンジンを燃やすための酸素が十分得られないため、安全に飛行できない。オリンポス山の裾野の直径は700㎞と、アリゾナ州の横幅よりも若干広い（https://bit.ly/32n5kEh）〔東京から広島県の厳島神社までの距離とほぼ同じ〕。時速885㎞で飛行するボーイング747型機は、オリンポス山を通過するだけで45分もかかり、乗客の視界に入る時間はそれよりずっと長い。平均的なスキーヤーがこの山のてっぺんから滑り降りたら何時間かかるだろう？　引っかけ問題だ——スキーヤーは中腹にもたどり着かないうちに、酸欠で死亡する。

⑥ CEOには女性よりも
　「ジェームズ」という名の男性のほうが多い

ニューヨークタイムズ紙は2018年、フォーチュン500社のCEOには女性よりも「ジェームズ」という名の男性のほうが多いと報じた（https://nyti.ms/3tuyL37）。2021年現在、女性の数はジェームズの数を上回っている（https://cnn.it/32olxsU）（進歩だ！）。だが上位3つの名前の合計、たとえば「ロバート、スコット、またはジェームズという名前の男性のほうが女性より多い」という翻訳でも、まだショックを与えることができる。ジェームズという名前の人がアメリカの人口に占める割合はわずか1.682%、これに対し女性の割合が50.8%（https://bit.ly/3uSPQE4）であることを考えれば、問題は火を見るより明らかだ。娘にジェームズという名前をつけたほうがCEOになりやすいのかもしれない……。

⑦ 前科持ちの黒人と白人の求職者

デヴァ・ペイジャーが巧妙な実験によって、前科持ちの求職者は人種にかかわらず書類選考を通過する確率が低いが、重罪で服役した白人は犯罪歴のない黒人よりも選考に通る確率が高いことを示した（https://bit.ly/3svUiqS）。

⑧ 得点製造機レブロン・ジェームズ

レブロン・ジェームズの「通算3万5000得点超え」（https://bit.ly/3x2D4EV）はものすごい偉業に聞こえるが、この得点を彼が出場した1300試合にならしてみると、インパクトはさらに大きくなる。18年のキャリア通算で1試合平均27得点は本当にすごい。

⑨ 民間所有の銃が最も多い国、アメリカ

スイスの調査機関スモール・アームズ・サーベイの調べ（https://bit.ly/3uVBBP2）によると、アメリカの民間所有の銃は4億丁に上り、3億3000万人の人口を大きく ―― 7000万丁も ―― 上回る。実際、世界人口に占める割合がわずか4％のアメリカ人が、世界の民間所有の銃の46％を所有しているのだ（https://wapo.st/3gjpIhG）。人口を上回る7000万丁の銃を、現役兵134万6000人に配ると、陸海空軍のすべての現役兵に52丁ずつ行き渡る計算だ。

⑩ ムハマド・ユヌス

ムハマド・ユヌスはこの経験をもとに1976年、最貧層に戦略的に少額融資を行うグラミン銀行を設立した。2006年にはノーベル平和賞を受賞している（https://bit.ly/2RA4oKw）。このエピソードは以下を参照。Muhammad Yunus (1999), *Banker to the Poor: Micro-Lending and the Battle Against World Poverty* (New York: Perseus Books)（ムハマド・ユヌス、アラン・ジョリ著『ムハマド・ユヌス自伝：貧困なき

世界をめざす銀行家』猪熊弘子訳、早川書房、1998年）

(11) 1人あたり国家債務

　アメリカ政府説明責任局によると、連邦政府の債務残高は2020年
9月に27兆ドルに達した（https://bit.ly/3gijgaN）。この数字は大きす
ぎて想像できないが、アメリカの人口3億3000万人で割ると、1人
あたり約8万2000ドルとなる。これでもかなり多い金額だが、1兆
ドルのように想像できないほどではない。

(12) 顧客のプロトタイプ

　この例は以下で取り上げた、ハンバーガー・ヘルパーという商品ブ
ランドのマネジャー、メリッサ・ストゥジンガーのケーススタディを
もとにしている。Chip Heath and Dan Heath（2007）: *Made to
Stick: Why Some Ideas Survive and Others Die*（New York: Random
House）.（pp. 126–28）

(13) マジカルナンバー7±2

　ジョージ・A・ミラーは1956年に発表した、驚くほど会話調の論
文の中で、人間の脳が著しい間違いをおかさずに記憶し、操作できる
情報の個数が7であることを示した。"The Magical Number Seven,
Plus or Minus Two: Some Limits on Our Capacity for Processing
Information," *Psychological Review* 63（2）: pp 81–97.

(14) 新しいA&Wバーガーの価値

　A&WバーガーのCEOの回想録に記されたエピソードを参照。A.
Alfred Taubman（2007）, *Threshold Resistance: The Extraordinary
Career of a Luxury Retailing Pioneer.*（New York: Harper Business）.

⑮ フリック・コレクション実験

Jake Hofman and Daniel Goldstein (2021), "Round Numbers Can Sharpen Cognition." Preprint available at the Open Science Framework. (https://osf.io/4n7sk/)

⑯ 小数、分数、割合、比率は現実的なものとして認識されない

これは人間の意思決定の領域における長年の研究対象である。人間は事物全体という視点から考えることで、複雑な数学的決定（たとえば条件付き確率の偶発的結果など）をじっくり検討できる。だが事物全体としてとらえることができない場合は、ごく単純な状況でも間違いを犯しやすくなる。

一例として、「合接の誤謬(ごびゅう)」（https://bit.ly/3ggMxmh）〔2つ組み合わせたほうが1つだけのときよりも可能性が高いと信じてしまう傾向〕によると、「『トゲ』と『緑色の皮膚』の両方をもつ生物の数は、『トゲ』をもつ生物の数より多い」、のようなことを言う人が多い。だがそうした分類を代表する具体的な動物を挙げれば、間違いを犯しにくくなる。Amos Tversky and Daniel Kahneman (1983), "Extensional versus intuitive reasoning: The conjunction fallacy in probability judgment," *Psychological Review*, 90:4, pp. 293–31. Gerd Gigerenzer, Peter M. Todd, and ABC Research Group (1999), *Simple Heuristics That Make Us Smart* (New York: Oxford University Press)

⑰ 人体をつくる主な元素

元素周期表に並ぶ元素には、自然界に存在する元素が90個以上含まれる。このうち、ほとんどの生物を構成する主要元素はたった11個で、人体は主に酸素・水素・炭素の三大元素でできている。ここでは体内の元素数にフォーカスしたが、原子量を計算することもでき、

その場合は順位が変わる（https://bit.ly/3mZyJ0W）。

⑱ トイレのあとに手を洗わない人

調査会社ユーガヴ（YouGov）の最近の調査によると、自宅でトイレ
の後に手を洗わないアメリカ人は驚くほど多いという（https://bit.
ly/2Qenp51）。ちなみにこれはコロナ前に行われた調査だ。おまけに2
人に1人がトイレでスマホを使っている —— そしてスマホにはトイ
レの便座の10倍の細菌が付着している。世界的パンデミックによっ
て、この状況が改善されたことを切に望みたい。

## 2 章

① 84の文化の秘密

Kensy Cooperrider and Dedre Gentner (2019), "The career of
measurement," *Cognition*, 191. (https://bit.ly/3niVc9h)

② 前腕の長さの尺度、キュビット

実際、「キュビット」に手の長さが含まれるかどうかをめぐっては、
神学論争が繰り広げられている（https://bit.ly/3ebycEX）。中東で調査
を行う考古学者たちは、「長い」キュビットと「短い」キュビットがあ
ることを明らかにした。一般に、「長い」キュビットは前腕と手の長さ、
「短い」は前腕のみの長さを表す（https://bit.ly/3ea8FvN）。

③ ソーシャルディスタンスを表す尺度

これらを掲載したのはガーディアン紙である（https://bit.ly/2P4
QQWI）。
・1ホッケースティック分（カナダ）
・たたみ1枚分（日本）（https://bit.ly/3ef4COL）

- ワニ 1 頭分（フロリダ州）（https://cnn.it/3ea8m4l）
- サーフボード 1 枚分（カリフォルニア州サンディエゴ）（https://bit.ly/3epleUb）
- ヒクイドリ 1 羽分（オーストラリア、クイーンズランド州北部）（https://bit.ly/2P4QQWI）
- マイケル・ジョーダン 1 人分（エアタッチをするマイケル・ジョーダンを想像してみよう）（バスケットボールの試合）（https://bit.ly/3ay3Uv8）
- トナカイ 1 頭分（カナダ、ユーコン準州）（https://bit.ly/3sqwrsB）
- クマ 1 頭分（ロシア）
- 1 ファゾム分（アメリカ海軍）（https://bit.ly/3ngV8Xt）
- アルパカ 1 頭分（オハイオ郡祭）（https://bit.ly/32sS553）
- 木材粉砕機 1.5 機分（ノースダコタ州）（https://bit.ly/3dKlIFw）
- バゲット 2 本分（フランス）（https://bit.ly/3xssG9Y）
- 鱒 4 匹／釣り竿 1 本分（モンタナ州）（https://fxn.ws/3axo8Fb）
- サーフボード 1 枚分、マウンテンバイク 1 〜 1.5 台分（カリフォルニア州）（https://bit.ly/3dGg3QA）
- コアラ 4 頭分（オーストラリア、シドニー）（https://bit.ly/3stguC3）
- バッファローウィング 24 本分（ニューヨーク州バッファロー）（https://bit.ly/3vdI8F2）
- ピスタチオ 72 粒分（ニューメキシコ州）

④ パキスタンはオクラホマ州の 5 倍よりカリフォルニア州の 2 倍

　平均的なアメリカ人は、パキスタンの面積（https://bit.ly/2QDKnlG）と言われてもピンとこないし、世界地図のどこにあるのかさえおぼつかないが、「カリフォルニア州の 2 倍」ならわかりやすい比較対象になる〔日本人には「日本の 2 倍」〕。「オクラホマ州の 5 倍」は、カリフォルニアよりも地味な州で、計算もややこしいから、相手は興味を失って

しまう。

　トルコ（78万5000㎢）はカリフォルニア（42万4000㎢）の2倍より少々小さい〔日本（37万8000㎢）の2倍より少々大きい〕。ニューヨーク州（14万1000㎢）はアイルランド（7万㎢）のほぼ2倍〔北海道（8万3450㎢）の2倍弱〕。太平洋ゴミベルト（160万㎢）はスペイン（50万6000㎢）の3倍ちょっと〔日本の4倍ちょっと〕。

　オーストラリアのこの山火事で18万6000㎢の土地が焼失した（https://bit.ly/3ojwbK2）。これに対し、日本の面積は37万8000㎢、シリアは18万5000㎢、イギリスは24万2500㎢、ポルトガルは9万2000㎢である。ニューイングランド（コネチカット、メイン、マサチューセッツ、ニューハンプシャー、ロードアイランド、バーモントの6州）の面積は18万6000㎢、ワシントン州は18万5000㎢だ。

　チンパンジー、サイ、そして世界最速の男……とくると、ジョークの始まりのように聞こえるが、オチは「人類最速のウサイン・ボルトでさえ、鈍そうに見えるサイのような動物にもかなわない」、である。ボルトが100mを8秒65で走るとすると、秒速11.56m、時速42kmになる —— これは霊長類で最も野性的なチンパンジー（時速40km）よりもほんの少し速く（https://bit.ly/3tpcW53）、サイ（時速55km）よりずっと遅い。

映画業界や音楽業界のすてきな人たちがとかく注目を浴びがちだが、

その陰でゲーム業界は儲かりすぎて笑いが止まらない。世界のゲーム業界の市場規模は2020年に1800億ドルに達し（https://on.mktw.net/3drI26n）、コロナ前の2019年の世界映画興行収入420億ドルを大きく上回る。映画業界を称えるこのバラエティ誌の記事（https://bit.ly/3mZggl0）はいまや時代遅れだ。そして音楽業界は220億ドルで、まったく競争にならない（https://bit.ly/3mZggl0）。

⑨ 数学のレポートを文章力で評価して学生に猛反発された

このグレース・ホッパーの発言は、以下の綿密な調査のもとに書かれた伝記から引用した。Kurt W. Beyer（2009）, *Grace Hopper and the Invention of the Information Age*（Cambridge: MIT Press）p. 124.

⑩ 300メートルの長さの電線

このホッパーの発言は、以下からの引用。Speaking While Female Speech Bank, "Explaining Nanoseconds: Grace Hopper,"（https://bit.ly/3mZ4ZkG）。

⑪ 1マイクロ秒も無駄にしない

グレース・ホッパーは「百聞は一見にしかず」方式の達人だった。講演するときは、まず長さ30センチの電線の切れ端を回覧し、これが1ナノ秒（10億分の1秒）間に電気が流れる距離だと説明した。次にブリーフケースから300m（1マイクロ秒、100万分の1秒間に電気が流れる距離）、国際規格のサッカーコート（https://fifa.fans/2PrPNjO）約3個分の長さの電線を繰り出して見せた。

⑫ 具体的なものごとは理解しやすく、記憶にとどまりやすい

1993年に行われた研究は、具体的な表現が読者の読解と関心、学習

に与える影響を、説得、解説、文芸、物語の4種類の文章について調べた。程度は異なっていたが、どの種類の文章でも具体的な表現を使うと読む人の記憶に残りやすくなった。Mark Sadoski, Ernest T. Goetz, and Maximo Rodriguez (1993), "Engaging Texts: Effects of Comprehensibility, Interest, and Recall in Four Text Types," *Journal of Educational Psychology* 92: pp. 85–95. (https://bit.ly/2RCnnEg)

⑬ ことわざや笑い話、民話、叙事詩などの文化伝承

　デイヴィッド・ルービンは数え歌の根底にある記憶のメカニズムを調べた研究で、強力で具体的な比喩表現には、歌や物語の流布と寿命を促す効果があることを示した。David C. Rubin (1995), *Memory in oral traditions: The cognitive psychology of epic, ballads, and counting-out rhymes.* (Oxford: Oxford University Press).

⑭ 腫瘍の大きさ表

　PDQ Adult Treatment Editorial Board. Testicular Cancer Treatment (PDQ®): Patient Version. 2019 Apr 9. In: PDQ Cancer Information Summaries [Internet]. Bethesda (MD): National Cancer Institute (US); 2002–. ["Tumor sizes are often measured …" の図を参照 ] 。 以下より入手可能 (https://bit.ly/3edzyPE)。

⑮ トランプ1組の大きさ

　Center for Disease Control (2008), *Road to Health Toolkit Activities Guide* (U.S. Department of Health and Human Services) pp. 51–52.

⑯ コンテナ船エヴァーギヴン

　陸上競技選手を除いて、「400m」の長さをはっきりイメージできる人がいるだろうか？　だがエンパイア・ステート・ビル〔日本人なら東京タワーや東京スカイツリー〕なら誰でも思い浮かべられる。全長400mのエヴァーギヴンは、エンパイア・ステート・ビルの細い60mのアンテナを取り除いた本体部分（381m）より長い〔東京タワー（333m）の上に国会議事堂の中央塔（65m）を重ねた高さとほぼ同じ〕。このようにたとえると、この船がどんなに巨大で、どんなふうにスエズ運河をふさいだかが目に浮かぶ。ちなみにこの（海に浮かぶ）コンテナ船の重量（22万4000t）（https://cnn.it/2PevqGF）は、鉄筋コンクリート造のエンパイア・ステート・ビル（36万5000t）の少なくとも6割はある〔東京タワーは約4000t、東京スカイツリーは約4万1000t〕。

⑰ SNAP

　予算・政策優先度研究所によれば、2018年度の平均的なSNAP〔補助的栄養支援プログラム〕受給世帯の受給額は月256ドル、平均的な受給者は月127ドル、1食あたりに直すと約1ドル40セントだった（https://bit.ly/3tJVKY9 のPart2を参照）。

⑱ 支出総額

SNAP2018年度総括報告より。

⑲ 1人1食あたり

　料理サイトRecipeLion（https://bit.ly/3alhUbs）の記事、「1食1ドル50セント以下の12のおいしい節約レシピ」の中で、ニーナ・ホフマンとサラ・ケネディが実際にこれらのレシピを調理している。

経済学者のエドワード・ウルフは2010年に、連邦準備銀行のデータをもとにアメリカ人を資産額によって細かく分類し、世帯年収のみを計測する国勢調査の推計（https://bit.ly/3nlpxnt）よりも明確に格差の実態を示した。最近のデータによれば、貧富の差はウルフの調査時に比べて少しも縮小していない。上位10％の富裕層が依然として国の富の70％を保有し、下位50％が保有する富は2％にとどまっている（https://bit.ly/3eu0mex）。2020年の状況を同じマンションにたとえると、一番の金持ちの住人1人が31戸を所有し、次に裕福な9人が38戸、その次に裕福な40人が29戸を所有し、そして残りの50人が2戸に詰め込まれている。Edward N. Wolff (2010), "Recent Trends in Household Wealth in the United States: Rising Debt and the Middle-Class Squeeze—an Update to 2007." Levy Economics Institute of Bard College Working Paper No. 589.

体重3グラムのハチドリの1日の消費カロリーを5カロリーとすると、体重90kgの平均的なアメリカ人男性（https://bit.ly/3tvn4JG）の大きさのハチドリは、1日15万カロリーを摂取しなくてはならない。「人間ハチドリ」が毎晩8時間の睡眠を取るとすると、起きている16時間の間、1時間ごとに67本のコーラを流し込む必要がある。

鮮明なものごとはより身近に感じられる。本書で紹介した数字をより鮮明にするためのコツは、解釈レベル理論分野（https://bit.ly/3sv30FX）で研究されている、社会的知覚と行動、選択にかかわる特性に基づいている。頭の中のイメージが詳細で鮮明であればあるほど、それとの心理的距離が近くなる。Yaacov Trope and Nira Liberman

(2010), "Construal-level theory of psychological distance" *Psychological Review.* 117:2, pp. 440–63.

㉓ トレドの水道

　ウィキペディアによると、オハイオ州トレド都市圏の人口は65万人。うち、市の水道を利用していた50万人は、水処理場で毒素が検出されたため、飲料水として水道水を利用しないよう警告された（https://bit.ly/3py11k6）。飲用禁止に影響を受けた人数を全人口で割ると0.77、つまりトレド都市圏住民の77％、約4人に3人となる。

㉔ 最も近い恒星系

　太陽系に最も近い恒星はプロキシマ・ケンタウリだが、宇宙空間での「近い」は相対的な言葉で、太陽から4.25光年、つまり40,208,000,000,000kmも離れている（https://go.nasa.gov/32NRZ8k）。これらを人間サイズに縮小しても、たいしてわかりやすくならない。この例では太陽と（太陽系の最も遠い惑星の）海王星の間の距離を半径とする軌道をゴルフボール大（直径43mm・https://bit.ly/3aE8mse）に縮めたため、太陽とプロキシマ・ケンタウリとの距離はゴルフボール4500個分、つまり約110mでサッカーコートの長さと同じになる。本書で太陽系の直径を冥王星の〔異質な〕軌道と定義しなかった理由を知りたい人はheathbrothers.comのwebnotesを参照。

㉕ 世界がもし100人の村だったら

　世界の77億人を100人の村に縮めると、出身地や宗教、言語などのありがちな切り口を超えた、より多様な人間の経験を伝えることができる。たとえば100人のうち55人が都会に住み、残る45人がその周辺の農村部に住んでいる（https://bit.ly/2RUkyP0）。この視点から世界をとらえると、世界の人々と自分との間に思った以上に共通点が多

いことに気づかされる。たとえば村の65人が携帯電話を持ち（https://pewrsr.ch/3aEfl4v）、36人が定期的にフェイスブックを利用している（https://bit.ly/3xn0vck）。また、村の仲間がどれだけ脆弱な立場にあるのかもわかる。地球温暖化のせいで、25人が飲み水を失う可能性があり（https://bit.ly/3gAX9wj）、8人が海面上昇で家を失う危険にさらされている。

### ㉖ 100万秒 VS 10億秒

100万秒は11.6日、人生のうちの2週間足らずだ。10億秒は31年8カ月と、人生のかなりの部分を占める。

### ㉗ 100万秒ってどのくらい？

・100万秒 ÷ 60 = 16,666分
・16,666分 ÷ 60 = 277時間
・277時間 ÷ 24 = 11.6日
つまり100万秒は約12日。

### ㉘ 10億秒ってどのくらい？

・1,000,000,000秒 ÷ 60 = 16,666,666分
・16,666,666分 ÷ 60 = 277,777時間。
・277,777時間 ÷ 24 = 11,574日
・11,574日 ÷ 365.25 = 31.68年 ≒ 32年
（注：365.25は4年ごとのうるう年を加味した数字）
・0.68年 × 365.25 = 248.37日

248.37日（1月から8月までの31 + 28 + 31 + 30 + 31 + 30 + 31 + 31=243日プラス5日）= 8カ月と5日。

㉙ エッフェル塔に自由の女神を載せたよりも高い

平均的なアメリカ人男女の身長は168.28cm (https://bit.ly/2QRU8go)。これを300倍すると505m。エッフェル塔は324m (https://bit.ly/3aB535d)、自由の女神は93m (https://bit.ly/3exyqGD)。2つを積み上げても417mで、自由の女神ほぼ1個分低い〔東京タワー (333m) の1.5倍は約500mでほぼ同じとなる〕。

㉚ エンジニアがコーヒーを買いに行く時間

エンジニアリングチームの100人がそれぞれコーヒーを買いに行くのに1日10分ずつ費やすとすると、1週間に合計80時間のロスになる。これはフルタイム社員2人分の仕事量に等しい。エンジニアの平均年収を6万5000ドル (https://indeedhi.re/3vlNq1h) とすると、新しいコーヒーステーションに1万5000ドル投資しても十分元が取れる！

㉛ イングランドで事故死する確率

イングランドとウェールズで事故死する確率はどれくらいだろう？イギリス国家統計局によると、2019年のイングランドとウェールズの人口は5620万人と310万人、合計6000万人弱だった (https://bit.ly/3vnwS9b)。2019年のイングランドとウェールズの事故死亡人数は合わせて推定2万2600人。1日に直すと、6000万人のうち、平均62人が事故死した計算になる。つまり、イングランドとウェールズの人が木から落ちるなどの事故で死亡する確率は100万分の1となることから、イングランドで事故死する確率も100万分の1とした。

㉜ あらゆる種類のリスクを計測する単位

「マイクロモート」とは、現代の意思決定分析の父と称される、スタンフォード大学のロナルド・A・ハワード教授が1989年に提唱した造語で、日常生活のさまざまなリスクの指標として広く用いられてい

る。もとは医療リスクを評価するための便利な単位として「マイクロプロバビリティ」が考案された。この例のような、100万分の1の微小な死亡率は、1マイクロモートと表す。ウィキペディア（英語版）に2021年に記載された例をいくつか挙げると、ハンググライダーは1回あたり8マイクロモート、出産は120マイクロモート、新型コロナ大流行期にニューヨークに暮らすことは1日50マイクロモートなど（https://bit.ly/2R2BySH）。Ronald A. Howard（1989）, "Microrisks for Medical Decision Analysis," (*International Journal of Technology Assessment in Health Care*, 5:3), pp. 357–70.（https://bit.ly/3tUMmRp）

### ㉝ ハリー・ポッター・シリーズの全巻

　ハリー・ポッターの熱狂的ファンは本を読み、杖やコスチュームを買い、各巻の単語数を数える。英語版の語数は次の通り（https://bit.ly/3aCAf3S）。

『ハリー・ポッターと賢者の石』76,944語

『ハリー・ポッターと秘密の部屋』85,141語

『ハリー・ポッターとアズカバンの囚人』107,253語

『ハリー・ポッターと炎のゴブレット』190,637語

『ハリー・ポッターと不死鳥の騎士団』257,045語

『ハリー・ポッターと謎のプリンス』168,923語

『ハリー・ポッターと死の秘宝』198,227語

　これを合計するとハリー・ポッターの総単語数は1,084,170語に上る。ここから『ハリー・ポッターと秘密の部屋』（あなたのお気に入り！）の85,141語を引くと、999,029語、約100万語だ。

### ㉞ 連邦予算からNEA支出を削減すると

　全米芸術基金（NEA）の2016年度予算は、アメリカの国家予算（3兆8500億ドル）のうちのわずか1億4800万ドル、割合にして0.004％

だった (https://bit.ly/3nogNgr)。アルゴリズムを使用した単語カウンターによると、英語の典型的な文芸小説は9万語ほど。その0.004％は約4語。史上最も簡単な編集作業だが、そのツケを払わされるのは読者だ。

### ㉟ スナックのカロリーを燃やす

　M&M's 1粒は4.5カロリー弱 (https://bit.ly/3tQW5Z8)。代謝率は人によって違うが、科学的なカロリー測定器によると、平均的な人は階段1段を上ると0.2カロリーを消費する (https://bit.ly/32LC7TF)。このペースで行くと、M&M's 1粒分のカロリーを消費するには2階分の階段を上る必要がある。そう聞いて「エレベーターの代わりに階段を使おう」と思ったのは、あなただけではない。食品ラベルにカロリー数を表示しても消費者の行動にはほとんど影響を与えないが、カロリーを「動作や行動」として具体的に示すとかなりのインパクトがあることがわかっている (https://bit.ly/2R0ciwk)。プリングルズ10カロリー分 (https://bit.ly/3nnzMrI) を燃やすには、もう少し歩かなくてはならない。ハーバード大学メディカルスクールが発表した表 (https://bit.ly/3tPqZRK) によると、平均的な人が時速5.6㎞で4分間歩いた場合の消費カロリーは10カロリー。これを距離に直すと約212m、サッカーコート2個分と、かなり歩く必要がある。

### ㊱ 紙の山

　ネイチャー誌によると、世界最大級のオンライン学術データベース、ウェブ・オブ・サイエンスに登録されたすべての論文の最初の1ページだけを印刷して積み重ねると、キリマンジャロ山 (5895m) と同じくらいの高さになる (https://go.nature.com/2QXLey5)。またさらに興味深いことに、被引用数上位の論文は、それらよりはるかに有名な科学的発見を報告した論文よりも被引用数がずっと多い。

㊲「アボカド ── 5セントの山」

2019年当時のアボカドの平均価格は約2ドル（https://bit.ly/3ey wi1i）、つまり5セント玉40枚分だった。5セント玉の厚さは合衆国造幣局によって1.95㎜（https://bit.ly/2Qrnu5z）と決められているので、40枚重ねると78㎜になる〔アボカド1個200円とすると10円玉20枚分、1枚が1.5㎜なので高さ3cmとなる〕。

㊳ エベレスト山のミニチュア版

世界最高峰エベレスト山の標高は8849m（https://bit.ly/3aA2nob）。アメリカ疾病管理予防センター（CDC）によると、アメリカ人の平均身長は約168㎝（https://bit.ly/2Qy4t1h）と、エベレスト山よりはるかに低いが、ディクソン・タイコンデロガ社の消しゴム付き鉛筆の消しゴム部分（6mm）（https://bit.ly/3sR9Zcc）や平らに置いた米粒（2mm）（https://bit.ly/3tSLWLk）よりはずっと高い。もし人間が消しゴム付き鉛筆の消しゴムほどの高さに縮めば、エベレストは31.4mになる。オフィスビル1階分の高さを4.27m（https://bit.ly/3tPo9Mo）とすると、エベレストの高さは高層ビルの7階と8階の間に相当する。山を見上げる人がさらに縮んで米粒になると、エベレストは10.54m、郊外の大きめの屋根裏付き2階建ての家と同じ高さになる。人間をさらに低くして標準的なトランプ6枚分の厚さにするとエベレストも8.84mと、小さめの2階建ての家の高さになる。

㊴ もし人間が6枚のトランプを重ねたほどの高さだったら

一般的なビー社の赤カジノバック・プレイングカードは、10枚の厚さが2.78㎜なので、6枚だと1.68㎜、つまり平均的な身長168㎝の人のちょうど1000分の1の高さになる。トランプの厚さも人間の身長と同様さまざまだが、ビー社はトランプの中でも平均に近いので、これを人間の1000分の1としても問題ないと判断した。カラコルム

山脈のK2は標高8611m（https://bit.ly/3no1MLQ）、これを1000分の1に縮小すると8.61mとなり、エベレストとの差はわずか24㎝になる。

　ヒマラヤ山脈の多くの山が超える7000mライン（https://bit.ly/3gCAO1n）は、この縮尺でも7mと高く、チベット高原の平均標高4500m（https://bit.ly/3aEMM6T）は4.50mになる。標高4808m（縮尺モデルでは4.81m）のモンブランは、他地域でチベット高原を（たった31㎝とはいえ）超える、数少ない山の1つだ。ロッキー山脈最高峰のコロラド州エルバート山（https://bit.ly/3dRpZ9S）とミシシッピ川以東の最高峰であるノースカロライナ州ミッチェル山（https://bit.ly/3xwuIGb）は、それぞれ4.39mと2.03mと、チベット高原にもおよばない。イギリス諸島最高峰となるスコットランドのベン・ネヴィス山（https://bit.ly/3nl2NUJ）は1.35mと、道ばたの郵便ポスト並みの低さだ（https://www.usps.com/manage/mailboxes.htm）。

⑩ 地球上のすべての水がプール1杯分だとする

　オリンピックサイズのプールの容積は2498㎥（https://bit.ly/3etTH3V）。地球上の水のうち動物が飲めるのはわずか0.025%というナショナルジオグラフィック誌の推定（https://on.natgeo.com/32Qfttv）を利用すると、プールの水のうちのわずか0.62㎥（620リットル）となる。これだけの水しかなければ、ケイティ・レデッキーが金メダルを取れないのはもちろん、3人用の温水浴槽（757リットル）（https://bit.ly/2S6ZYey）を満たすこともできない。

⑪ 砂漠アリの遠征

　上の翻訳例の引用元は、人間の認知について考察し、それが人間のナビゲーション能力の基盤になっていることを示した、以下の画期的な本である。Arne D. Ekstrom, Hugo J. Spiers, Véronique D. Bohbot, R. Shayna Rosenbaum（2018）, *Human Spatial Navigation*

(Princeton: Princeton University Press)（https://bit.ly/3tUVYvu）。下の翻訳例は、アリの感覚を人間にたとえることによって、そのすばらしさをわかりやすく伝えた。DC都市圏は、西はバージニア州マナッサスから東はメリーランド州プリンスジョージズ郡を網羅する、約75km四方のエリアだ〔京都府の面積は4,612km〕。NIHから国防総省までの距離は、ちょっと遠回りしても30kmほど(https://bit.ly/3sS0k5t)〔京都府と新大阪駅間の直線距離は約38km〕。砂漠アリは地図やスマホも持たずに、これだけの距離を難なく往復する。

## ㊷ スローモーションの花火：光速 VS 音速

　光の速度は秒速約29万9792km（https://bit.ly/3dMSiGK）でつねに一定だが、音の速度は媒体や環境温度などによって変わる。たとえば、南カリフォルニアで新年のお祝いに花火を打ち上げるとしよう。天気は快晴で気温は20℃とすると、音は時速1223km〔秒速339.75m〕の速さで伝わる（https://bit.ly/3nmmvQc）。花火の光が観察者の目に届くまでに10秒かかったとすると、その人は約300万km離れたところにいる。物理法則が働くとすると（南カリフォルニアから300万kmも離れた場所は宇宙空間だから音は伝わらないが、この際伝わると仮定して）、音がこの距離を伝わるまでには102日かかる。この観察者がいる場所は、地球と月との距離のほぼ8倍離れている —— これこそグランドフィナーレだ！（https://go.nasa.gov/3ns5KTG）

## ㊸ 黒人家庭の1セントと白人家庭の1ドル

　ノースウェスタン大学の研究者クリスティン・ペルチェスキとクリスティーナ・デイヴィスは2020年、消費者金融調査のデータを使って、黒人の子育て家庭の経済的脆弱性を示した。金額はここから引用した。一つ目の思考実験の元になったのは、アメリカの大人の5人に2人が400ドルの臨時出費に対応できないという、2019年のFRB

（連邦準備銀行）の家計調査だ（https://bit.ly/3tVlvoz）。この金額を、現実生活に起こりうる支出に拡大することで、格差の深刻さが浮き彫りになる。高額の入院費用をまかなうのに銀行口座に2000ドル持っているか、ポケットに20ドル札1枚しかないかの違いだ。老後の資金として、退職口座に50万ドル入っているか、当座のお金が5000ドルしかないかの違いだ。アメリカで毎年救急外来を受診する、のべ1億3000万人（https://bit.ly/3viBfSF）のうち、料金を支払えない「5人中2人」のくくりに入る人はどれだけいるだろう？ Christine Percheski and Christina Gibson Davis (2020), "A Penny on the Dollar: Racial Inequalities in Wealth among Households with Children." *Socius: Sociological Research for a Dynamic World*. （https://bit.ly/3dOhMmY）

㊹「今日の課題」の5分が積もり積もれば3週間に

　1年間の授業日数を180日（https://bit.ly/3dBDnzv）とすると、1日3分が積み重なって最終的に540分になるのはすぐわかる。授業時間が60分だとすると、9回分に当たる。その教科の授業が週3回あるとすれば、これは授業時間が3週間分増えたのと同じことだ。教師にとっては夢、落ちこぼれにとっては悪夢のような話だが、どちらにしても学習時間は増える。「今日の問題」の手法は以下を参照。Doug Lemov (2014), *Teach Like a Champion 2.0*: 62 Techniques that Put Students on the Path to College (New York: John Wiley & Sons). （https://bit.ly/3eDsTP4）

㊺ 金曜日はフェイスブックを見ない

　これは誰も信じたくない統計だ —— 私たちはSNSに1日平均2時間22分を費やしている（https://bit.ly/3dO08zF）。SNSを金曜だけ5カ月間やめれば、2860分（47.6時間）を取り戻し、「読む暇がなかっ

た」本を読むことができる。〔英文を〕読むスピードを毎分238語（https://bit.ly/2QzqnB4）とすると、2860分で68万680語読めるから、長い名作を1冊と、短い名作を少なくとも1冊読める（https://bit.ly/32ORniw; https://bit.ly/3xpPiYq; https://bit.ly/3nmjCyF）。この時間に読めるお勧め本をいくつか挙げておく（語数はいずれも英語版）。

10万語以内：『ナルニア国物語』45,535語、『グレート・ギャツビー』47,094語、『崩れゆく絆』57,550語、『ダロウェイ夫人』63,422語、『カラーパープル』66,556語、『ビラヴド』88,426語

20万語以内：『インドへの道』101,383語、『百年の孤独』144,523語、『透明人間』160,039語、『ジェーン・エア』183,858語

67万680語まで『ドン・キホーテ』344,665語、『アンナ・カレーニナ』349,736語、『指輪物語』シリーズ全巻576,459語、『戦争と平和』587,287語

3 章

(1) ロンドンの大疫病を超える死亡率

Edward Tyas Cook (1913), The Life of Florence Nightingale, vol. 1, p. 315. (London: Macmillan).

(2)「兵士の10％にあたるベッドを用意した」

以下より引用。Lynn MacDonald (2014), *History of Statistics: Florence Nightingale and Her Crimean War Statistics: Lessons for Hospital Safety, Public Administration and Nursing.* (https://bit.ly/3aDqfro)

③「慈悲深い統計学者」

Eileen Magnello（2010），"Florence Nightingale: The Compassionate Statistician," *Radical Statistics* 102, pp. 17–32.（https://bit.ly/3xx1O8T）

④ グレート・スモーキー山脈国立公園

年間入場者が1250万人と聞くと、とても多いように思えるが、どれだけ多いのかはよくわからない。アメリカ国立公園局によると、2019年の入場者数2位の国立公園は、600万人近くを集めたグランド・キャニオンだった。1位のグレート・スモーキー山脈国立公園が2位のグランド・キャニオンの2倍の入場者を獲得するパターンが、少なくとも2001年以降毎年続いている（https://bit.ly/3sXjJ4S）

⑤ ナイル川はアマゾン川よりかろうじて長い

公平な立場の科学者の推定を含むさまざまな基準から言って、アマゾン川は世界最大かつ最長の川である。ナイル川の長さは一般に6853㎞（https://bit.ly/3aJI0Fc）とされるが、アマゾン川の長さは、どこを源流と河口とみなすかによって6,400㎞から6,992㎞までの幅がある。人間サイズで言うと、ナイルが183㎝だとすると、アマゾンは従来の（短い）推定では178㎝、長い推定では193㎝となる。別の言い方をすると、川にどんな「靴」を履かせるかによって長さは異なる。

⑥ アマゾン川は圧倒的大差で世界最大の川

流量を人間の体重に置き換えると、アマゾン川の突出ぶりがわかる。ナイル川の毎秒2830㎥が平均的な体重（82㎏）の人間だとすると、アマゾン川の毎秒20万9000㎥（https://bit.ly/2R0Ng06）は6038㎏のオスのアフリカゾウになる。

⑦ 世界で見たカリフォルニアの経済規模

　ウィキペディアによると、カリフォルニア州の経済規模はアメリカ、中国、日本、ドイツに次ぐ世界第5位。つまりカリフォルニア州は、国連が認める195の主権国家のうちの190カ国を超える経済規模を持っている。そう考えると、カリフォルニアの分離独立運動を笑えなくなるだろう？　ちなみに、カリフォルニア州を除いてもアメリカの経済規模は世界最大である。

⑧ アップルという国家の富

　クレディスイスが毎年発表するグローバル・ウェルス・レポート・データブックによると、2019年に総資産が2兆ドルを超えていた国は21カ国しかなかった（https://bit.ly/3aDpxue）。総資産が100兆ドルを超えるのはアメリカだけ（106兆ドル）で、中国が64兆ドル、日本が25兆ドル、ドイツが15兆ドルで続いた。メキシコやブラジルなど、主に人口が多いゆえに上位入りしている国もあるが、スウェーデンやベルギーのように、ずっと少ない人口に同じくらいの資産が集中している国もある。

⑨ もし牛が国家を作ったら

　国連食糧農業機関（FAO）によると、家畜の温室効果ガス排出量は世界全体の排出量の14.5％を占め、そのうちの62％を牛の排出量が占めている。つまり牛が排出する温室効果ガスは世界全体の約9％に上る。したがって世界最大の排出国は中国（28％）、2位がアメリカ（15％）、そして3位が……牛の国家となる。第4位のインドは7％だ（https://bit.ly/3noaRny）。「牛の国家」という言い回しは、以下のスティーヴン・チュウの記事から引用。Tad Friend (2019). "Can a Burger Help Solve Climate Change?" *The New Yorker* September 29, 2019.

⑩ ドワイト・アイゼンハワーの「平和への可能性」演説

　スターリンの死の直後に行われたこの演説は「鉄の十字架」演説とも呼ばれ、戦争の支出に対する歴史的な警告だった。全文はアイゼンハワーライブラリーから入手可能（https://bit.ly/3gGhwYX）。

⑪ フルーツジュースVSドーナツ、砂糖の交響曲

　クランベリージュースは健康的なチョイスに思える。だからこそ、普通サイズ（355㎖）のオーシャンスプレー・クランベリーアップルジュース1缶に44グラムもの砂糖が入っていると知るとびっくりする。この量は、クリスピークリームのオリジナル・グレーズド・ドーナツ3個に含まれる30グラムの砂糖（https://bit.ly/3sQMDDJ）に、角砂糖3つを足したよりも多い（角砂糖1個は4グラム）。このジュースを飲む代わりに、角砂糖1個を入れたコーヒーとドーナツ3個を食べたほうがいいのは明らかだ！

⑫ 毎年27万人が敗血症で亡くなる

　国立衛生研究所（NIH）のデータによる。

⑬ 敗血症による死亡を55％減らす

　カイザーパーマネンテのデータ分析による。B. Crawford, M. Skeath, and A. Whippy, "Kaiser Permanente Northern California sepsis mortality reduction initiative," *Crit Care* 16, P12（2012）.（https://bit.ly/2QWOedV）

⑭ 乳がんで亡くなる女性と前立腺がんで亡くなる男性

　2019年にアメリカにおいて乳がんで亡くなった女性は4万2281人、前立腺がんで亡くなった男性は3万1638人、膵臓がんで亡くなった人は4万5886、肝臓がんで亡くなった人は2万7959人だった。こ

れらを足し合わせると14万7764人になる。CDCのウェブサイトを参照。

　実はこの翻訳例は、物語の半分しか伝えていない。この対策の効果はそれよりもさらに強力なのだ。実際には「乳がんと前立腺がん」だけでなく「乳がんと前立腺がん、膵臓がん、肝臓がんで亡くなる人の合計」と同数の命を救うことができる。

　なぜこのバージョンにしなかったのか？　僕らは迷ったあげく前者を選んだのだが、もしかしたら判断を誤ったかもしれない。だがおそらくテストをしてみれば、乳がんと前立腺がんだけの単純な比較のほうが、人々の行動を駆り立てる効果が高いのではないかと思われる。

## ⑮ 世界で最も人口の多い都市

　この統計は国連の人口500万人以上の81都市のリストを利用した（https://bit.ly/3gG7E1x）。ロンドンとパリの人口はそれぞれ約1000万人、バルセロナは500万人、そして中国最大の都市上海はこれらヨーロッパの3都市を合わせたほどの人口を持つ。

## ⑯ 精神疾患と診断される確率は？

　アメリカにおいて1年間に精神疾患と診断される成人は、ジョンズ・ホプキンス大学によると4人に1人（https://bit.ly/2LDDQoB）、国立精神衛生研究所によると5人に1人である（https://bit.ly/3opOWfD）。一方、疾病管理予防センター（CDC）によれば、アメリカにおいて生涯で精神疾患と診断される確率は2人に1人（https://bit.ly/386MPHw）。つまり今後1年間に精神疾患と診断されるのは部屋にいる10人に2人だが、一生のうちに精神疾患と診断されるのは10人に5人となる。

### ⑰ ケニア人 VS アメリカ人 —— 収入に占める食費の割合

CEICのデータによるとケニア人の2019年の平均世帯年収は約7000ドル（https://bit.ly/3uQuQif）、アメリカ国勢調査局によると同年のアメリカ人の平均世帯年収は6万8700ドル（https://bit.ly/3b8VLxY）。もしアメリカ人がケニア人のように収入の約半分を食費に充てるなら、毎週650ドルが食費に消えることになる（https://bit.ly/3v3Ycsy）。このシナリオは、以下の本を参考にした。Mike Fairbrass and David Tanguy (2017), *The Scale of Things* (Quadrille Publishing)。

### ⑱ ビリオネアまでの階段

アメリカの国勢調査によると、アメリカ人の50％（世界全体では約90％）は、資産が10万ドルに満たない（クレディスイスのグローバル・ウェルス・レポート）。つまりアメリカ人の2人に1人は階段の1段目にも上がれない。資産が42万7000ドルを超えるアメリカ人は25％、つまり4段目に上がれるのは4人に1人、10段目の100万ドルに届くアメリカ人は10人に1人に過ぎない。ベゾスの個人資産1980億ドル（https://bit.ly/3vgY9do）を10万ドルで割ると198万段。毎分61段のペースで（これは平均以下の速さだhttps://bit.ly/2LbIxX2）1日9時間ずつ、2か月間階段を上り続けて、やっと彼の富のレベルに到達する。歩きやすい靴を履いていこう！

### ⑲ プリウスの節約効果

アメリカ運輸局によれば、平均的なアメリカ人の1日あたりの自動車の走行距離は64km（https://bit.ly/3rk0ti7）。アメリカ環境保護庁の推奨する、燃費1リットルあたり10.63kmの典型的な車（https://bit.ly/3uUE25g）を運転している人は、プリウスに乗り換えれば毎月の燃費を半分に減らすことができる。ガソリンをリッターあたり0.8ドルとすると、月に72ドル、1年で876ドルの節約になる。

⑳ バッターと拍手

　音響科学者のブルース・レップによると、平均的な大人が1秒間に拍手できる回数は約4回（https://bit.ly/3uYnNUJ）、つまり1回あたり250ミリ秒。時速145㎞の速球がピッチャーの手を離れてからホームベースに到達するまでの時間は400～450ミリ秒、バッターがバットを振り始めてから振り終えるまでの時間は150ミリ秒（https://bit.ly/3gezhi8）。つまりバッターがバットを振るかどうかを決める時間は、わずか250～300ミリ秒となる。余談だが、世界一速い拍手は1分間に1103回、平均すると1秒18.3回、1回あたり41ミリ秒である（https://bit.ly/3aDEegw）。

㉑ 拍手で計る史上最速の200m走

　ウサイン・ボルトが2016年リオデジャネイロ五輪200m決勝を19秒78で制したとき、2位以下の選手との差は数ミリ秒だった。1秒間に4回の拍手（1回あたり0.25秒）でいうと、ボルトがゴールを駆け抜けた瞬間に拍手を始めれば、2位の選手がゴールしたのは2回めの拍手の0.01秒前。3回めの拍手までに3位から7位までがゴールを切り、8位だけが遅れて4回目の拍手の0.10秒前にゴールした。

㉒ 全米芸術基金に配分される予算の1人あたり負担額

　連邦議会で予算案が策定されるたび、芸術への公的支援をめぐって議論が噴出する。2016年の連邦予算3.9兆ドル（https://bit.ly/3esWj2c）のうち、全米芸術基金（NEA）に割り当てられた予算は約1億4800万ドル（https://bit.ly/3bmcspO）、つまり予算総額の0.004％にすぎない。年収6万ドルの平均的なアメリカ人が1年間に支払う連邦所得税を6300ドルとすれば（https://bit.ly/3v4Yu3e）、そのうちNEAに渡るのは25セント、輝く25セント玉1個だ。

㉓ 女性3人、男性1人の議会

ピュー研究所によると、2020年に連邦議会に選出された女性の数は史上最多となったが（https://pewrsr.ch/3rtD91l）、それでも連邦議会に占める女性議員の割合は27%でしかない。この不均衡を部屋一杯の聴衆に説明するには、女性3人と男性1人のグループをつくって、男性に不利な政策を投票で決定させるといい。ニック・フェローーニが見事に説明するように、投票結果がすべてを物語る（https://bit.ly/2MYLsDs）。

㉔ ジェフ・ベゾスが11秒間に稼ぐ金額

ジェフ・ベゾスの個人資産は2020年の1年間で750億ドル増え（https://bit.ly/3ec01yG）、年末に1880億ドルに達した。750億ドルを365日で割ると1日あたり2億500万ドル。これを24で割ると1時間あたり850万ドル、さらに60で割ると1分あたり14万3000ドル、1秒あたりでは2400ドル。つまりジェフ・ベゾスは11秒間で2万6000ドル以上稼いでいることになる。

㉕ 会議室のテーブルに並べられた手袋

この話は以下に取り上げられたジョン・ステグナーのエピソードである。John P. Kotter and Dan S. Cohen (2012), *The Heart of Change: Real-life Stories of how People Change Their Organizations* (Cambridge: Harvard Business Review Press).

㉖ シリコンバレーへのベンチャーキャピタル投資額

ライターのラス・ミッチェルによると、ベンチャーキャピタルがテック系スタートアップに投資した2520億ドルに対して18%の年間利益率を維持するには、今後10年間でイーベイ級の会社が325社——つまり毎月2.7社——上場し、合計1兆3000億ドルの価値を創

出する必要がある（https://cnn.it/3aYvXEr）。2010年代の例を使って言い直すと、今後10年にわたって毎月2、3社のフェイスブック級の会社を上場させることに相当する（https://nyti.ms/3gFypDf）。

㉗ Ｐ ボール・スロヴィックの同情に関する研究

ポール・スロヴィックはフローレンス・ナイチンゲールの手法を引き合いに出して、ドライな統計では、相手が自分の経験と関連づけて理解しやすい、個人的な物語ほどには人を動かすことはできないと指摘する。大規模な悲劇は適切な感情的反応を呼び覚まさないこと、また共感疲労における「感情の薄れ」は、犠牲者の数が1人から2人に増えた瞬間に始まることを、スロヴィックの研究は示している。Paul Slovic and Daniel Västfjäll (2015), "The More Who Die, the Less We Care: Psychic Numbing and Genocide," *Imagining Human Rights*, pp. 55–68（De Gruyter）（https://bit.ly/32MciCY）; Paul Slovic (2007), " 'If I Look at the Mass I Will Never Act': Psychic Numbing and Genocide," *Judgment and Decision Making* 2:2, pp. 79–95.

㉘ 銃の数再考

商務省統計局がネット上に表示している世界人口時計によると、アメリカでは9秒に1人の赤ちゃんが生まれている（https://bit.ly/3nor4co）。1年は約3150万秒だから、1年に生まれる赤ちゃんの数は約350万人。余った7000万丁の銃（https://wapo.st/3tT6547）を1丁ずつラッピングして生まれた赤ちゃんに与えていったら、在庫がなくなるまで20年ほどかかる計算になる。

㉙ 身近な尺度

Kensy Cooperrider and Dedre Gentner (2019), "The career of

measurement," *Cognition* 191.（https://bit.ly/3nmpqbq）

㉚ チャールズ・フィッシュマンのミネラルウォーター思考実験

Charles Fishman（2007）, "Message in a Bottle," *Fast Company*, July/August（https://bit.ly/3sMQoKs）. エビアンの水と、ヨセミテから引いているサンフランシスコの水道水の現在価格で計算し直すと、ボトルを4年半補充し続けることができる。

㉛ シックスシグマ

ウィキペディアによる（https://bit.ly/3bUCnVD）。

㉜ 1本もヒットを許さない

　一般に一流先発投手の指標とされるのは、シーズン200イニングを投げること（https://bit.ly/3euQIIJ）だ。1イニングの平均投球数を15球（https://atmlb.com/32R8DDP）とすると、年間3000球。つまりシックスシグマとは、1球のミス（ストライクゾーンを外すか、ヒットを与える）もなく98シーズン投げ続けることに相当する。

㉝ 何分に1人の殺人 VS 1日に何人の殺人

　アメリカ疾病管理予防センター（CDC）によれば、アメリカの年間殺人件数は1万9141件（現在は更新されている。https://bit.ly/3r38qr6）。365で割ると1日あたり52件強。つまり1時間に2人、または30分に1人殺されている計算になる。「1時間に2人」だと、テレビの刑事ドラマで殺人事件が解決する速さに感じられるが、映画館に座っている50人が1日に殺されるところを想像すると、大変なことだとわかる。

　でも、ちょっと待った。「1にフォーカスする」戦略はどうなったのか？　いい質問だ。第1章で「1にフォーカスする」戦略を勧めたのは、それが最も単純な方法だからだ。だがこの例のように、その戦略では

十分感情に訴えない場合は、ほかの手法を使ったほうがいい。

## ㉞ アメリカ人の食事 VS 地球上の利用可能な土地

統計サイト「データで見る私たちの世界（Our World in Data）」によると、世界中の人がアメリカ人のような食生活を送るためには、地球上の全可住地の138％を牛、豚、鶏の畜産に回さなくてはならない（https://bit.ly/2Nsr6m9）。世界中の人にアメリカ式の食事を提供するためには、1億400万㎢の可住地面積のすべてを畜産に利用する必要がある。郊外の芝地からソフトボール場までのすべてを牧場に変え、家の地下室やオフィスビルのすべてで鶏を飼う方法を学ばなくてはいけない。だがそれでも足りない。さらに38％、3550万㎢の土地が必要だ。ワールドアトラスによると、アフリカ大陸の総面積は3000万㎢、オーストラリア大陸は850万㎢（https://bit.ly/3eT95Jd）なので、その合計よりもちょっと少ない土地がさらに必要になる（実はこれでも足りない。アフリカとオーストラリア大陸の全体が可住地ではないからだ）。

## ㉟ パワーボールの当選確率

パワーボールのような天文学的な確率をわかりやすくする方法。まず当選確率の「2億9220万1338分の1」（https://bit.ly/2RUdAJR）を300で割ると97万4000。これを日数だとして、年に直すと2667年──これはややこしいが、理解不可能な数字ではない。この例でアンコールが効果的なのは、そのままの数字を使うと2億9220万1338日は80万20年と33日となり、西暦1年1月1日から西暦80万20年2月2日までの日付を1つ選ぶことになってしまうからだ。これに対し、「西暦2667年」なら、遠い未来であることには変わりないが、少なくとも今と同じミレニアムのうちだ。これが数十万年になると、数字は大きくなりすぎて、宝くじの確率がどんなに「あり得ない」かがわからなくなってしまう。

### ㊱ スーパーカエル

カエルの跳躍力は種によって違うが、シカゴのフィールド博物館によると、キタヒョウガエルは体長の15倍もの距離を跳ぶことができる。平均身長168センチのアメリカ人（https://bit.ly/2Qy4t1h）がカエルのように跳べたら、25m先まで跳んでいってしまう。NBAのバスケットボールコートでいうと、3ポイントラインから反対側のゴールまでの20mをさらに超える距離だ（https://on.nba.com/2PmvaFD）。これはプロのバスケットボール選手が1回のジャンプで跳ぶ距離をはるかに超えているだけでなく、ステフィン・カリーの驚異的なシュートレンジの約2倍だ──とはいえ、カリーはキャリアで一度、最後の一投でそれくらいの距離からのシュートを決めたことがある（https://bit.ly/2QXDYlw）。

### ㊲ スティーブ・ジョブズ、MacBook Airを発表する

このプレゼンテーションは、次の4分間の編集済み動画に最もうまくまとめられている（https://bit.ly/3gk8Bux）。

### ㊳ ロメオ・サントス、ヤンキースタジアムでの2連続公演のチケットを完売する

Larry Rohter, July 10, 2014, *New York Times*, July 10, 2014.

### ㊴ 自由貿易に関する意識調査

以下の記事を参照。Fareed Zakaria, "New consensus on value of trade, US is the odd man out." *Newsweek*, October 22, 2007（https://bit.ly/3tT7yat）。この記事に引用された調査は以下である。Pew Institute, *World Publics Welcome Global Trade—But Not Immigration*, 47-Nation Pew Global Attitudes Survey October 4, 2007.（https://pewrsr.ch/3eyGGpL）

神経科学者デイヴィッド・リンデンによるこのたとえは、以下の本のp. 198から引用した。Joel Levy (2018), *The Big Book of Science: Facts, Figures, and Theories to Blow Your Mind* (New York: Chartwell Books). この本にはほかにも興味深い数字の翻訳が満載されている。著者のジョエル・レヴィは観察眼が鋭く、魅力的な図表を使うのがうまい。中高生にギネスブック並みの驚きを与え、世界に関する重要なことを教えたい人にお勧めの一冊。

## 4 章

### ⑴「ここまで体温が下がって生き延びた人は1人もいなかった」

このケーススタディは以下から引用した。Michael Blastland and David Spiegelhalter (2014), *The Norm Chronicles: Stories and Numbers About Danger and Death.* (New York: Basic Books) p 15. (https://bit.ly/32RjnlC)

### ⑵ あなたの数値は40です

このケーススタディは、28歳の博士課程学生だったブライアン・ジクムント＝フィッシャーが、骨髄移植を受けるかどうかを決めたときの物語だ。手術は無事成功し、彼は現在ミシガン大学メディカルスクールの教授としてリスクコミュニケーションなどを教えている。Chip Heath and Dan Heath (2013), *Decisive: How to Make Better Choices in Life and Work* (New York: Crown Business) pp. 120–26.

### ⑶ 宇宙の歴史を凝縮する

カール・セーガンは画期的なドキュメンタリー番組「コスモス」の中で、宇宙の歴史を1年に縮めて表した。この宇宙カレンダーでは、1

月1日にビッグバンが起こり（https://bit.ly/3tXlBfu）、銀河系が形成されたのは5月、太陽系と地球が出現したのはようやく9月半ばになってからだ。どんなタイムスケールを使おうと、明らかなことが1つある。人間が宇宙に現れたのはごくごく最近のことで、わずか5000年の有史時代は宇宙の歴史のさらに小さな一部でしかない。

④1年分の税金を先払い

　この計算は思っていたよりずっと難しかった。有権者1人が支払う税金が何に使われているかを示す資料が皆無だったからだ。このページのデータを集めるのに、経験豊富な5人のリサーチャーと優秀なリー・ロバーツの助けが必要だったことを考えると、予算について建設的な議論をするのがいかに難しいかがわかる。リーはノースカロライナ州予算局長で、デューク大学公共政策大学院で公共予算について教えている。

　僕らが見つけた最良の概要は、議会予算局による以下の資料だ（https://bit.ly/3ey3Ooj）。2018年度の歳出は4兆1000億ドル。うち社会保障費が9820億ドル（24％）、メディケア［5820億ドル］とメディケイド［3890億ドル］の合計が9710億ドル（24％）、国債の利払いが3250億ドル（8％）。

　合計すると予算の半分以上が、「非裁量的支出」とも呼ばれる上記3つの分類に費やされている。非裁量的とは、短期的には変更不可能だが、中長期的には変更可能な支出をいう。他方、「裁量的支出」には次の2つの分類がある。国防費6230億ドル（16％）と、国防費以外の裁量的支出6390億ドル（16％）だ。

　最も興味深いのは後者の分類だ。国防費以外の裁量的支出は予算の16％でしかないが、この分類には一般に国家「政府」の機能と考えられるすべてが含まれる。たとえばNASAの宇宙飛行、FDAの食肉検査、FBIの捜査、FAA（連邦航空局）の航空管制など。この分類に含まれる

項目をさらに挙げてみよう。

　高等教育機関への補助に 1490 億ドル（3.6%）、SNAP やその他の食料支援に 680 億ドル（1.7%）、国立公園に 32 億 6000 万ドル（0.08%）、NASA に 190 億ドル（0.46%）［これらの数字をすべて足し合わせても 4 兆 1000 億ドルにならないのは、「その他」の支出がいくつかあるから。たとえば軍人や公務員の退職金制度や、退役軍人給付金など］。

⑤ 職場の生産性

　サッカーチームのたとえは以下を参照。Stephen Covey (2004), *The 8th Habit: From Effectiveness to Greatness* (New York: Simon & Schuster).『完訳 第 8 の習慣』

エピローグ ───────

① 統計でウソをつく法

　このタイトルはおもしろいが、皮肉にも著者のハフはのちにタバコ業界のコンサルタントとなって、統計をごまかす方法を指南した。以下の 2014 年のアレックス・ラインハートの記事にくわしい。"Huff and Puff." (https://bit.ly/3aFrYMJ)

**チップ・ヒース (CHIP HEATH)**

スタンフォード大学経営大学院教授。弟ダン・ヒースとの共著『アイデアのちから』（日経BP）、『スイッチ！』『決定力！』（以上、早川書房）、『瞬間のちから』（ダイレクト出版）の4冊は原書がすべてニューヨーク・タイムズ紙のベストセラーとなり、全世界の総発行部数は300万部超。500社を超える新興企業の戦略とミッションの明確化を支援してきた。


**カーラ・スター (KARLA STARR)**

サイエンスジャーナリスト。初の著書『Can You Learn to Be Lucky?』（未邦訳）でプロフェッショナル・ジャーナリスト協会の最優秀科学・健康賞を受賞。科学雑誌への寄稿、報道番組のコメンテーターとしても活躍する。


**櫻井祐子 (YUKO SAKURAI)**

翻訳家。京都大学経済学部経済学科卒。大手都市銀行在籍中にオックスフォード大学大学院で経営学修士号を取得。訳書に『1兆ドルコーチ』『上流思考』『創始者たち』（以上ダイヤモンド社）、『BIG THINGS』（サンマーク出版）、『THINK BIGGER』（NewsPicksパブリッシング）などがある。

### 数字の翻訳

──スタンフォード経営大学院教授の「感情が動く数字」の作り方

2024年6月4日　第1刷発行

著　者──チップ・ヒース、カーラ・スター
訳　者──櫻井祐子
発行所──ダイヤモンド社
　　　　〒150-8409　東京都渋谷区神宮前6-12-17
　　　　https://www.diamond.co.jp/
　　　　電話／03·5778·7233（編集）　03·5778·7240（販売）
装丁·本文デザイン── 小口翔平 + 畑中茜(tobufune)
本文DTP──阪口雅巳(エヴリ·シンク)
校正────加藤義廣(小柳商店)
製作進行── ダイヤモンド·グラフィック社
印刷／製本─ 勇進印刷
編集担当── 今野良介

## 本書の感想募集

感想を投稿いただいた方には、抽選でダイヤモンド社のベストセラー書籍をプレゼント致します。▶

## メルマガ無料登録

書籍をもっと楽しむための新刊·ウェブ記事·イベント·プレゼント情報をいち早くお届けします。▶